W0174018

Wolfgang Kessler

Geld regiert die Welt. Wer regiert das Geld?

IMPRESSUM

Wolfgang Kessler
Geld regiert die Welt. Wer regiert das Geld?

Satz und Layout: Andreas Klinkert
Druck und Bindung:
Westermann Druck Zwickau GmbH
Auflage: 1/2011
© November 2011
Publik-Forum Verlagsgesellschaft mbH
Postfach 2010
61410 Oberursel

ISBN 978–3–88095–219–5

Wolfgang Kessler

Geld regiert die Welt.
Wer regiert das Geld?

Inhalt

Finanzkrise – die verpasste Chance

Danke Griechenland, danke Portugal, danke Italien, danke Irland – oder wie die anderen hoch verschuldeten Länder heißen. Danke, dass ihr die Öffentlichkeit und vor allem die Politik mit euren Nöten darauf aufmerksam macht, welch riesige Chance nach dem Zusammenbruch von *Lehman Brothers* im September 2008 und dem offenen Ausbruch der Finanzkrise verpasst wurde: nämlich jene, die Finanzwelt auf völlig neue Grundlagen zu stellen.

Stattdessen tröstet sich die Bundesregierung seit drei Jahren damit, dass die deutsche Wirtschaft von der Finanzkrise vergleichsweise wenig erschüttert wurde. Dies ist durchaus auch ein Verdienst der Politik, die die Nachfrage mit Konjunkturprogrammen aufrechterhalten und die Arbeitslosigkeit durch die Förderung der Kurzarbeit eingegrenzt hat.

Diese tröstliche Entwicklung darf jedoch nicht darüber hinwegtäuschen, dass das Finanzsystem auch nach seinem faktischen Crash nicht grundlegend verändert wurde. Das Geld regiert auch nach der Finanzkrise die Welt. Und wer das Geld regiert, wird noch immer zu selten gefragt. So konnten die Banken und die anderen Finanzakteure in den vergangenen Jahren ihr spekulatives Spiel von Neuem aufziehen. Das zeigt die sogenannte Eurokrise auf dramatische Weise.

Damit erneuert sich ein System, das innerhalb weniger Monate Hunderte Milliarden Dollar vernichtet oder, besser gesagt: entwertet hat. Mit einem Bruchteil dieses Geldes hätte man alle Menschheitsprobleme einer Lösung näherbringen können, die mit Geld zu lösen sind. Doch stattdessen hat dieses Geld nur wenigen Menschen zu ungeheurem Reichtum verholfen. Und dabei die Lösung der großen Menschheitsprobleme erschwert.

Obwohl die Finanzwelt auf grandiose Weise gescheitert ist und nur durch die Steuerzahler und die massive Verschuldung von Regierungen vor dem Zusammenbruch bewahrt wurde, regiert das große Geld weiterhin die Welt. Die Politikerinnen und Politiker sind dagegen die Gejagten, hecheln auf unzähligen Konferenzen dem neuesten Trend der Spekulation, neuesten Bewertungen der Ratingagenturen hinterher – ohne je den Eindruck zu erwecken, als könnten sie die entfesselte Eigendynamik von Währungen und Finanzen auch nur einigermaßen bändigen. Zugegeben, dies ist schwierig, weil es sich um hoch komplexe Zusammenhänge handelt, die zu einem beträchtlichen Teil nur auf internationaler Ebene bewältigt werden können. Allerdings ist es auch deshalb schwierig, weil die Politik selbst seit mehreren Jahrzehnten ideologisch und institutionell sehr eng mit dem Finanzsystem verflochten ist. Aus diesem Grund sind grundsätzliche Veränderungen erst dann möglich, wenn die Politik, die Wirtschaft und die Sparer bereit sind, die finanzpolitischen Fehlentwicklungen der vergangenen Jahrzehnte offen aufzuarbeiten. Erst wenn die tiefen Ursachen für die Entfesselung der Finanzmärkte und die schwerwiegenden Folgen dieses gewissenlosen Systems offen angesprochen und diskutiert werden, können die Politik, die Banken und – nicht zuletzt – die Anleger das globale und auch das europäische Finanzwesen vom Kopf auf die Füße stellen. Um dann dafür zu sorgen, dass die Menschen das Geld regieren und nicht umgekehrt.

Das entfesselte Geld – eine Kurzgeschichte

Wer wissen will, wie es kommen konnte, dass das Geld die Welt so regiert, wie es sie regiert, muss weit in die Geschichte zurückblicken. Denn es ist ja ein Schelm, wer behauptet, die Finanzkrise von 2008 hätte sich erst im vergangenen Jahrzehnt entwickelt. Nein, sie wurde über Jahrzehnte gut vorbereitet.

Vor sechzig Jahren hatte alles ganz stabil begonnen. Im Jahre 1944, noch während des Zweiten Weltkriegs, fand in Bretton Woods im US-Bundesstaat New York unter Federführung der USA und Großbritanniens eine Weltwährungskonferenz statt. Obwohl sich beide Siegerländer erheblich stritten, etablierten sie am Ende der Konferenz ein stabiles Weltwährungssystem: Alle Wechselkurse wurden gegeneinander fixiert und an den US-Dollar gebunden. Entscheidend war, dass sich die US-Regierung verpflichtete, die Dollars jederzeit in

Gold einzulösen. Überwacht wurde dieses System vom *Internationalen Währungsfonds*.

Diese stabilen Verhältnisse sorgten dafür, dass der Welthandel und die Weltproduktion überdurchschnittlich wuchsen. Doch bereits Ende der 1950er-Jahre begann die Entwicklung von der Stabilität zum heutigen Chaos – mit einem eigentlich erfreulichen Ereignis. Im Jahre 1958 wurden die Währungen der wichtigsten Industrieländer konvertibel, das heißt: gegeneinander austauschbar. Das war gut, können Unternehmen und Privatleute doch seither die allermeisten Währungen jederzeit gegeneinander eintauschen. Dieser Vorteil war so groß, dass kaum jemand auf den Nachteil achtete. Die sogenannte Konvertibilität der Währungen sorgte nämlich dafür, dass nun jede Währung überall auf der Welt verfügbar war. Wenn jedoch Dollars, D-Mark oder Schweizer Franken bei Banken außerhalb ihres Landes gehalten werden, dann befindet sich das Geld außerhalb der Kontrolle der Nationalbanken.

Zehn Jahre lang war dies unproblematisch. Doch dann führten mehrere große Entwicklungen dazu, dass immer mehr Geld zu internationalen Banken floss. Auf diese Weise konnten sie die Min-

destreservesätze umgehen, mit denen die Zentralbanken alle Banken zwangen, einen Prozentsatz
der Geldeinlagen zinslos als Reserve zu halten.
Ohne diese Mindestreserve hatten die Banken geringere Kosten und konnten Anlegern bessere Bedingungen gewähren. Und diese Chance nutzten
die Anleger.

Die Probleme begannen – wie weltpolitisch so
häufig – mit einem Krieg: dem Vietnam-Krieg. Um
ihn zu finanzieren, druckte die US-Regierung immer mehr Dollarnoten. Am 15. August 1971 musste
der damalige US-Präsident Richard Nixon zuge-
ben, dass er die vorhandene Dollarmenge nicht
mehr mit Gold abdecken konnte. Daran zerbrach
das Weltwährungssystem von Bretton Woods. Seither werden Währungen mehr oder weniger frei an
den Börsen gehandelt. Und es wird auch mit Währungen spekuliert. Im Jahre 1972 konnten an der
Börse von Chicago zum ersten Mal Risiken aus
Währungsgeschäften über Vereinbarungen mit
den Banken abgesichert werden. Damit war der
Weg frei für Spekulationen aller Art. »Der Finanz-
markt wurde zum Markt aller Märkte«, schreibt der
Berliner Ökonom Joseph Vogl, Autor des Buches
»Das Gespenst des Kapitals«.

Und dieser internationale Kapitalmarkt zog Geld aus der ganzen Welt mit hohen Zinsen und dem Vorteil der Unkontrollierbarkeit an. Hohe Gewinne der Rüstungsindustrie flossen an die Banken. Dann folgten die Ölkrisen der Jahre 1973 und 1979. In einem kurzem Zeitraum wurden die Erdölpreise vervierfacht, 1979 noch einmal versechsfacht, insgesamt also vervierundzwanzigfacht. Riesige Petrodollar-Beträge flossen an die internationalen Banken. Und sie fließen noch. Seit Mitte der 1980er-Jahre wächst die Bedeutung von Aktienanlagen enorm – vor allem in den USA: Die US-Bürger legen ihr Geld in großen Pensionsfonds an, um ihre Alterssicherung zu finanzieren. Von dort fließen riesige Kapitalmengen auf die Anlagemärkte.

Bereits in den 1980er-Jahren kam es an den Finanzmärkten zu Entwicklungen, die bis in die Gegenwart hineinreichen und den Problemen von heute ähneln. So stellten die Zuflüsse die internationalen Großbanken schon damals vor ein Problem, das wir in der Finanzkrise heute wieder erleben: Sie suchten verzweifelt Kreditnehmer für ihre Anlagegelder. Wie verzweifelt, erzählte 1984 der damalige Jungbanker Samuel Gwynne von der *Barclay's Bank*: »Wir Jungbanker werden derzeit wie Bürstenverkäufer durch die Welt geschickt, um allen, die es wollen, Kredite aufzuschwätzen.«

Gerne gesehen waren diese Jungbanker bei Diktatoren in Entwicklungsländern. Diese nahmen die Kredite der Banken dankend an, auch wenn ihre Länder nicht kreditwürdig waren. Das war der Beginn der sogenannten »Schuldenkrise der Dritten Welt«. Wie heute für Griechenland schmiedete der Internationale Währungsfonds Programme für die hoch verschuldeten Länder, vor allem Sparprogramme. Wie heute in Griechenland mussten die Ärmsten der Armen die Kredite zurückzahlen, die vorher an die Reichsten der Reichen geflossen waren.

Bereits in den 1980er-Jahren begannen zudem Prozesse, die das Finanzsystem bis heute destabilisieren: Vereinbarungen, die eigentlich zur Sicherheit dienten, wurden in dem Augenblick zum Risikofaktor, in dem mit ihnen spekuliert wurde. So können Unternehmen ihre Exportgeschäfte durch Future-Papiere, auch Derivate genannt, gegen einen fallenden Wechselkurs im Lande ihres Käufers absichern – gegen hohe Gebühren. Das ist positiv, weil Exporteure auf diese Weise ihre Gewinne, ihre Betriebe sichern können. Gleichzeitig sind diese

Future-Papiere jedoch attraktiv für Spekulanten, die nicht auf einen fallenden, sondern auf einen höheren Börsenkurs setzen. Sie kaufen die Papiere zum garantierten Kurs und genießen dann deren höheren Wert, wenn die Währung in der Zwischenzeit gestiegen ist. Dadurch wird der Handel mit Futures zu einer Wette auf die Zukunft – und zu einem großen Spekulationsspektakel.

In welch rasendem Spekulationskarussell die Welt schon Ende der 1980er-Jahre saß, machte mir einmal John Reed deutlich, damals Chef der größten Bank der Welt, der *City Corporation*. »Die globalen Märkte und die große Konzentration von Kapital verkürzen unseren Zeithorizont. Die wirtschaftliche Entwicklung wird immer schnelllebiger. Die Rettung der Regenwälder am Amazonas ist ein Luxus, den man sich unter diesem Geldsystem nicht leisten kann.« Das war 1987.

Und da hatte die ganz große Revolution gerade erst begonnen. Bereits im Laufe der 1970er-Jahre hatte sich in der Wirtschaftswissenschaft eine Lehre breitgemacht, die inzwischen – wissenschaftlich nicht korrekt – als Neoliberalismus bezeichnet wird. Diese Lehre will den Markt möglichst weitgehend von staatlichen, aber auch von gewerkschaftlichen Einschränkungen befreien. Dieser Marktradikalismus fußt auf wenigen, aber prinzipiellen Grundsätzen:

• Der freie Markt ist effizienter als der Staat;
• privat ist wirtschaftlicher als öffentlich;
• Gewinne schaffen Arbeit;
• Löhne sind Kosten.

Diese Denkweise hat klare Konsequenzen. Der Staat zieht sich aus der Wirtschaft zurück. Steuern senken, Sozialleistungen schleifen, staatliche Regeln beseitigen, Löhne senken – das war das Programm von Margaret Thatcher, als sie am 4. Mai 1979 britische Premierministerin geworden war. Man müsse die fettesten Pferde füttern, damit auch für die Spatzen mehr Pferdeäpfel abfallen. Diese Pferde-Spatzen-Philosophie hat von Großbritannien aus die Welt revolutioniert. Und auch die Finanzmärkte. Denn nach der Philosophie des Wirtschaftsliberalismus fließt Geld immer an den Ort, an dem es am effektivsten eingesetzt wird, wenn man nur den Markt von möglichst vielen Regeln befreit. Da sie an diesen Mechanismus glaubten (wohl noch immer glauben), öffneten marktradikale Politiker möglichst viele gesellschaftliche Bereiche für das private Kapital: Die weitestgehende Privatisierung der öffentlichen Dienstleistungen, der Wasserversorgung, von Krankenhäusern, Universitäten und Schulen ist ihr Ziel. Dankbar und mit großer Macht drängen die Kapitalanleger seither in diese neuen Investitionsfelder.

Nach diesem Motto wurden die Kapitalmärkte in den 1980er-Jahren und danach immer weiter liberalisiert. Noch 1987 konnten deutsche Banken kaum Filialen in Italien, Belgien, Luxemburg oder Österreich eröffnen. Doch schon Anfang der 1990er-Jahre konnten alle, die Geld hatten, ihre Millionen in Minutenschnelle in andere Länder überweisen.

Im folgenden Jahrzehnt erobert dieser Marktradikalismus immer mehr Köpfe in der Politik, auch sozialdemokratisch oder grün orientierte. In den USA geschah der »Sündenfall« unter dem demokratischen Präsidenten Bill Clinton. Er schaffte das sogenannte *Glass-Steagall-Gesetz* ab, das die strikte Trennung von Investmentbanken und Geschäftsbanken vorschrieb. Der »Spiegel« beschrieb am 22. August 2011 die durchschlagende Wirkung dieser Reform: »Als die Trennung fiel, gab es kein Halten mehr. Institute wie die *Citigroup* oder die

Bank of America blähten sich zu Finanzriesen auf, so groß und mächtig, dass sie im Fall des Scheiterns gerettet werden müssen. Viele kleine Banken und Maklerfirmen wurden geschluckt, die Giganten bestimmten fortan das Spiel.«

Für viele Deutsche ist es eine Ironie des Schicksals, dass ausgerechnet die rot-grüne Regierung den Kapitalmarkt liberalisierte: Im Jahre 2000 dynamisierte sie den Aktienhandel, 2002 legalisierte sie Leerverkäufe, 2003 ließ sie Hedgefonds auf den Markt, 2004 schaffte sie die Gewerbesteuer für Hedgefonds ab. Glaubt man dem damaligen Bundesfinanzminister Hans Eichel, dann wollte die rot-grüne Regierungskoalition mit dieser Liberalisierung die sogenannte »Deutschland AG« aufbrechen: Die eng verflochtene deutsche Wirtschaft sollte durch den Konkurrenzdruck globalisierungs- und wettbewerbsfähig werden. Kein Zweifel: Die Deutschland AG wurde dadurch aufgelöst – doch nicht nur sie.

Die Macht der elektronischen Herde

Mit der Liberalisierung der Finanzmärkte änderten sich Zweck und Ziel von Bankgeschäften grundlegend. Über Jahrzehnte war es das unumstrittene Ziel von Banken gewesen, den Zahlungsverkehr zu regeln und von Sparerinnen und Sparern Geld einzusammeln, um dieses gegen Zinsen an kreative Unternehmen und Privathaushalte weiterzuverleihen. So arbeiteten die mehr als 1200 genossenschaftlich organisierten Volks- und Raiffeisenbanken sowie die Sparkassen seit Urzeiten. Doch seit der Liberalisierung der Finanzmärkte in den vergangenen 25 Jahren wird der Kapitalmarkt von einem anderen Ziel beherrscht: nämlich aus Geld möglichst schnell mehr Geld zu machen, ohne Häuser, Fabriken, Infrastrukturanlagen oder andere Arbeitsplätze zu schaffen.

Im Zuge dieser Entwicklung hat sich das Gesicht der Finanzmärkte grundlegend verändert. Seit den 1990er-Jahren spielen neue Global Player eine immer größere Rolle bei globalen Geldgeschäften. Da sind zum Beispiel jene 73 Länder und Regionen, die ein besonderes Verhältnis zu Spargeldern haben: Sie erheben geringe oder gar keine Steuern auf Zinsen, Dividenden und Börsenerträge. Und sie geben keine Auskunft über ihre Kunden. Steuerhinterziehung gilt bei ihnen nicht als Straftat, sondern als Kavaliersdelikt – deshalb leisten sie kaum Rechtshilfe bei der Verfolgung von Steuerhinterziehern. Oft genug bieten sie Gesellschaftsformen wie Trusts, Stiftungen oder Treuhandgesellschaften an, um Gelder geringer zu besteuern, einer Besteuerung ganz zu entziehen und die Gelder dann möglichst diskret zu verwalten. Diese Schattenfinanzzentren, früher Steueroasen genannt, wurden seit der Liberalisierung der Finanzmärkte zum Magneten für das Geld all jener, die keine Steuern zahlen wollen oder viel zu verbergen haben. Und das sind offenbar viele: Nach einer aktuellen Studie der *Weltbank* aus dem Jahre 2011 werden jährlich illegal rund 1600 Milliarden Dollar über nationale Grenzen hinweg verschoben – und landen häufig in den Schattenfinanzzentren. Die Hälfte davon stammt aus Entwicklungs- und Schwellenländern. Allein deren Regierungen entgehen pro Jahr laut Weltbank ungefähr 250 Milliarden Euro an Steuereinnahmen, während ein Heer an Finanzdienstleistern diese Gelder verwaltet und verteilt. Die Gelder aus Steueroasen stehen als spekulatives Anlagekapital weltweit zur Verfügung.

Wo Schattenfinanzzentren existieren, sind Schattenbanken nicht weit. Als solche bezeichnet man jene Anlagegesellschaften, die außerhalb der Bankenaufsicht das Vermögen von Institutionen oder millionenschweren Privatleuten verwalten – und ihnen hohe Renditen versprechen. Hedgefonds und Private-Equity-Firms sind die geläufigsten Begriffe dafür. Diese Schattenbanken erzielen ihre Renditen, indem sie mit wenig eigenem Kapital in Betriebe einsteigen, diese kaufen und dann den übrigen Teil der Investitionen mit Krediten finanzieren. Wenig Eigenkapital bewegt viel Fremdkapital.

Investitionen von solchen Fonds in Unternehmen können durchaus sinnvoll sein: dann, wenn riskante Entwicklungen oder Aktivitäten gefördert werden, für die sich kein Kapitalgeber findet. Oft genug zielen die Investitionen aber vor allem oder

sogar ausschließlich auf schnelle Renditen. Diese
erzielen die Fonds, indem sie sich in Betriebe einkaufen, dort die Kosten senken (oft Beschäftigte
entlassen), Investitionen mit Krediten finanzieren
und diese Kredite den Unternehmen aufbürden.
Am Ende verkaufen sie die Unternehmen mit ho-
hem Gewinn weiter. Für die Beschäftigten dieser
Betriebe ist dies oft katastrophal, für die Anleger
sehr rentabel. Zumal diese Schattenbanken ihre
Konten in Schattenfinanzzentren haben – und als
»Nichtbanken« nicht der Finanzaufsicht unterste-
hen. Wenn überhaupt, dann müssen sie lediglich
registriert sein.

Doch auch die konventionellen Banken nutzten
die neuen Freiheiten liberalisierter Kapitalmärkte.
Sie betätigten sich immer häufiger als Investmentbanken. Damit sind sie keine Banken im klas-
sischen Sinne mehr. Sie vergeben dann zumeist
keine langfristigen Kredite mehr und legen kaum
mehr Vermögen an. Stattdessen wirken sie als
Makler für Investmentgeschäfte und kassieren
Provisionen. Zudem platzierten sie Aktien und
Wertpapiere und entwickelten vor allem in diesem
Jahrtausend immer neue Finanzprodukte, die be-
tont undurchsichtig sind und vor allem die mögli-

che Rendite steigern sollen – natürlich steigern sie so auch das Risiko. Im besten Falle kombinierten sie noch Aktien mit festverzinslichen Wertpapieren und machten daraus Zertifikate, um den Kunden vorzugaukeln, absolute Sicherheit sei mit höchstmöglicher Rendite vereinbar. Oft genug wurden Kredite in Wertpapiere verwandelt (verbrieft) und dann weltweit verkauft. Wie gefährlich diese Finanzprodukte oft waren, das bestätigt sogar der US-amerikanische Finanzexperte und langjährige Vermögensverwalter Paul Woolley. Seiner Ansicht nach besteht für Banken ein hoher Anreiz, möglichst komplizierte Produkte zu konstruieren. Dort können Renditen von bis zu 25 Prozent erzielt werden, wobei die Kunden gar nicht verstünden, wie »sie übers Ohr gehauen werden«.

Zudem nahm der Handel mit Derivaten, mit Wetten auf die Zukunft, ungeheure Ausmaße an. Bereits im Jahre 2006 betrug der Umsatz mit Derivaten das 40-Fache der weltweiten Wirtschaftsleistung. Und weil bei Derivaten offenbar alles so schön klappte, machten die Banker mit den Kreditversicherungen das Gleiche wie mit den Derivaten: Sie spekulierten mit ihnen nach dem Motto: Neues Spiel, neues Glück, noch mehr Risiko.

All dies sind Geschäfte, bei denen es – nach vielen Geldschöpfungsprozessen – keine Beziehung zwischen Geldanlage und Endprodukt mehr gibt. Es sind Geschäfte mit hohen Risiken. Und das größte Problem: Viele dieser Geschäfte wurden in Zweckgesellschaften außerhalb der Banken organisiert, um die Begrenzung durch Eigenkapitalregelungen zu umgehen. Es war Geldschöpfung pur.

Und wer es dabei »traditionell« haben wollte, ging speziell nach der Einführung des Euro zu Währungsspekulationen über. Diese lohnten sich vor allem in Ländern, die eine hohe Inflationsrate haben und deshalb höhere Leitzinsen zahlen. Das beste Beispiel war Island. In Minutenschnelle konnten Milliardenbeträge aus Ländern mit geringen Leitzinsen in Länder mit höheren Zinsen wie Island überwiesen werden. Die Differenz zwischen den Zinsen ist der schnelle Gewinn – zulasten des jeweiligen Landes, das die Zinsen für diese Spekulationen zahlen muss.

War all dies schon riskant genug, so wuchsen die Risiken noch zusätzlich durch drei Faktoren, die die Finanzmärkte in den letzten Jahren kennzeichneten: den Herdentrieb, die Beschleunigung und den computerisierten Hochfrequenzhandel. Da alle dem herrschenden Trend folgten (Herdentrieb), drangen das neue Renditedenken und mit ihm die neuen Finanzprodukte in Bereiche des Finanzwesens vor, wo zuvor nicht so gedacht wurde. Anfang des neuen Jahrtausends gaben auch die konservativ agierenden Volksbanken plötzlich das Ziel einer Rendite von zehn Prozent aus. Irgendwann vertrieben sie Wertpapiere, die sich an der Wertentwicklung bei Lehman Brothers orientierten. Und dieser Trend machte auch vor den Kirchenbanken nicht halt. Am 22. Juni 2005 beschloss der Finanzausschuss der Landeskirche Oldenburg, die eigene Anlagepolitik an internationalen Anlagekriterien auszurichten, wenn die Ratingagenturen sie mit der Höchstnote AAA bewerteten. Ähnliches gilt für die katholischen Banken *Pax-Bank* und *Liga-Bank*.

Und dies alles geschieht in ungeheurer Geschwindigkeit. Mehr als 3000 Geschäfte pro Sekunde tätigen die Börsen – fast ohne menschliches Zutun. Stattdessen sind Supercomputer so programmiert, dass sie eigenständig im Millisekundenbereich Aktien kaufen oder verkaufen können, je nach Tendenz an der Börse. Viel besser und schneller als jeder Mensch kann der Computer die verschiedenen und widersprüchlichen Signale des Marktes verarbeiten – die Menschen sind zu langsam. Speziell im Handel mit Währungen seien die »Abläufe inzwischen zu kompliziert für menschliche Gedankenabläufe«, sagt zum Beispiel John Taylor, der Leiter des US-Hedgefonds *FX Concepts*. Seine Experten sind vor allem IT-Spezialisten, die die Computer mit Datenmengen füttern – die dann Anlageentscheidungen treffen.

Diese Entwicklung der Finanzmärkte schuf den Nährboden für die Finanzkrise. Die Zutaten sind schnell genannt: Niedrige Zinsen in den USA Anfang dieses Jahrtausends, Programme von Republikanern und Demokraten, um Geringverdiener mit Wohneigentum zu versorgen, und der Druck der Banken, die riesige Menge an Anlagegeldern, die bei ihnen anlandete, möglichst schnell und profitabel zu verwerten. Mit diesem Ziel boten sie Millionen Geringverdienern ohne Eigenkapital Kredite zum Bau oder Kauf von Häusern an – zu zunächst geringen, aber variabel anzupassenden Zinsen.

In dem Augenblick, als die Immobilienpreise in den USA zu steigen begannen, wurden diese Hypothekenkredite überregional interessant. Das war Grund genug für Investmentbanken, den Hypothekenbanken diese Kredite abzukaufen, sie in handelbare Wertpapiere zu verwandeln, also zu verbriefen, und weltweit anzubieten. Für die Hypothekenbanken war dies die große Chance, ihre Kredite loszuwerden; die Investmentbanken sahen große Verkaufschancen, weil die Häuser als Sicherheiten dahinterstanden und weil die Immobilienpreise immer stärker anstiegen. So drehte sich das Karussell immer schneller, die Hypothekenbanken konnten immer mehr Kredite mit geringer Sicherheit verkaufen.

Dazu trugen die wichtigsten Ratingagenturen *Moody's, Standard & Poor's* und *Fitch* ihren Teil zu der Krise bei; diese spielen heute in der Schulden- und Eurokrise ebenfalls eine große Rolle. Nach Angaben des Ökonomen Max Otte von der Fachhochschule Worms machten diese Agenturen zwischen 2002 und 2006 ein Drittel ihrer Gewinne damit, dass sie sich von den Investmentbanken dafür bezahlen ließen, riskante Wertpapiere zu bewerten. Nur so ist es erklärbar, dass viele davon die Höchstnote AAA erhielten. Und nur so ist erklärbar, warum diese Wertpapiere auch von der Oldenburger Landeskirche, von den Volksbanken und von Kirchenbanken angeboten wurden.

Auf diese Weise entstand ein Kartenhaus aus Geldanlagen mit riskanter Deckung, das in dem Augenblick einbrechen musste, in dem sich mehrere Karten als Luschen erwiesen. Das geschah, als die Politik des billigen Geldes in den USA beendet wurde, die Hypothekenzinsen stiegen und die Immobilienpreise fielen.

Vor diesem Hintergrund führt uns die Finanzkrise ein Finanzsystem vor Augen, das die Welt regiert und diese gleichzeitig bedroht. Es ist ein Finanzsystem, das durch keine Kontrollinstanz überwacht wird. Viele Regeln wurden abgeschafft, die Eigenkapital-Begrenzungen sind löchrig und gering, Bewertungen erfolgen durch US-Ratingagenturen, die von den großen Banken abhängig sind, und die staatlichen Kontrollinstanzen sind ohnmächtig. Die Folgen dieses Systems reichen weit über die Finanzkrise hinaus. Das Spekulationskarussell dreht sich längst weiter und zieht jene Länder in Europa in den Bann, die Opfer der Tatsache wurden, dass wir eine Europäische Währungsunion haben – ohne europäische Wirtschaftspolitik, beispielsweise Griechenland und Irland. Island wird auf Jahre hinaus nicht auf die Beine kommen, weil das Land hohe Zinsen an die Spekulanten bezahlen muss.

Und die Banken nutzen gerade wieder die geringen Leitzinsen, um Kredite aufzunehmen und in Ländern mit hohen Zinsen anzulegen. So treibt die elektronische Herde das Wirtschaftswachstum weltweit rasant voran – ohne Rücksicht auf knappe Ressourcen und Umweltzerstörung. Die zunehmende Spekulation mit Nahrungsmitteln und Ackerland bereitet gerade die nächsten Hungerkrisen vor.

Die Finanzkrise zeigt die Krise eines Systems. Eines Systems, das nur nach höchstmöglichen Renditen sucht – möglichst schnell, möglichst oft. Ein System mit ungebremster Geldschöpfung. Ein rasendes spekulatives Karussell, das pro Sekunde an jeder Börse 3000 Geschäfte tätigt, nur über Softwareprogramme. Ein spekulatives Karussell, das sich von der realen Wirtschaft gelöst hat. Es ist ein System mit einer höchst einseitigen Ethik, wenn man dies überhaupt als Ethik bezeichnen kann. Auf den Finanzmärkten geht es nur um nackte Zahlen. Neue Erfindungen, hohe Gewinne, hohes Wachstum einer Firma, die Übernahme eines Unternehmens durch ein angesehenes anderes Unternehmen machen die Aktien eines Betriebes für Käufer attraktiver – dann steigt ihr Preis. Wächst die Menschheit, dann deutet dies auf steigende Preise für knappe Nahrungsmittel hin – Spekulationen lassen hohe Gewinne erwarten.

Keine große Rolle spielen die Faktoren hinter den Zahlen. Das hat Folgen. So fragten sich vor Jahren viele, warum plötzlich die Aktien eines Papiermultis stiegen. Die Antwort: Weil es diesem Konzern gelungen war, mit der indonesischen Regierung eine Konzession auszuhandeln, die es dem Unternehmen erlaubt, 25 Jahre lang Regenwald abzuholzen, um die eigene Papierversorgung zu sichern. Hohes Wachstum ist messbar – nicht gefragt wird, ob es die Umwelt zerstört. Hohe Gewinne sind messbar – es interessiert nicht, ob sie dadurch entstanden sind, dass Beschäftigte entlassen wurden.

Dieses System arbeitet so anonym, dass niemand die Folgen seines Handels am Bankschalter oder am Computer erlebt. So werden Anlagen getätigt, die mit Nahrungsmitteln oder mit Ackerland spekulieren; doch kein Anleger wird mit denen konfrontiert, die Hunger leiden, weil die Nahrungsmittelpreise gestiegen sind.

Diese fehlende Ethik lässt der Gier freien Raum, weil deren Folgen nicht spürbar sind. Ethische Verantwortung ist nicht Teil dieses Finanzsystems. Es ist ein System institutionalisierter Verantwortungslosigkeit.

Die Politik und die Finanzoligarchie

Angesichts dieser Entwicklungen fragen viele: Wo war eigentlich die Politik? Warum hat sie das Treiben der Finanzmärkte einfach so hingenommen? Die ehrlicheren Politiker – dazu zählt Hans Eichel, der ehemalige Finanzminister der rot-grünen Koalition – antworten auf diese Frage ganz klar: Weil wir die Finanzmärkte gar nicht kontrollieren wollten. In der Politik herrschte die Illusion, die Freiheit des Kapitals sei gut für alle. Der Sozialdemokrat Hans Eichel bezeichnet dies heute als Fehler ebenso wie sein aktueller Parteivorsitzender Sigmar Gabriel. Damals allerdings, in den ersten Jahren des neuen Jahrtausends, herrschte eine regelrechte marktradikale Euphorie. Es war die Zeit, als der rot-grüne Bundeskanzler Gerhard Schröder im März 2003 die Partei mit seiner Rede zur Agenda 2010 auf einen wirtschaftsliberaleren Kurs einschwor. Diese Rede erschien der CDU offenbar so gefährlich, dass die CDU-Vorsitzende Angela Merkel ihre Partei im Dezember 2003 in Leipzig auf einen marktradikalen Kurs führte – CDU-Linke wie Heiner Geißler oder Norbert Blüm wurden an den Rand gedrängt. Auch in dieser Zeit gab es Warnungen vor einem drohenden Crash der Finanzmärkte. Doch kaum jemand nahm sie ernst. Der Marktradikalismus hatte sich gleichermaßen in die Köpfe der meisten Politiker und in die zahlreicher Journalisten eingegraben: Je mehr Markt und je weniger Staat, desto besser. Steuersenkungen sind seither en vogue, Sozialstaat ist out. – Diese Losung wurde zum Credo der herrschenden »Elite«.

Dazu kam (und kommt) die erhebliche Verflechtung von Politik und Finanzsystem – von den 1990er-Jahren bis heute. So musste der US-amerikanische Finanzminister Henry Paulson nach dem Zusammenbruch von Lehman Brothers grundlegend umdenken: Viele Jahre hatte er in führender Position bei der großen Investmentbank *Goldman Sachs* gearbeitet und die Liberalität auf den Finanzmärkten gefordert. Jetzt musste er plötzlich jene Krise managen, die er mit seinesgleichen verursacht hatte. Sogar der ehemalige Chefvolkswirt des Internationalen Währungsfonds, Simon Johnson, beklagt die »Kaperung der Politik durch hem-

mungslose Privatinteressen« und durch eine
Denkweise, die sich ausschließlich an den Interessen der Finanzwirtschaft orientiert – und dies bei
Weitem nicht nur in den USA. So stand auch der
frisch gebackene Präsident der *Europäischen Zentralbank*, Paul Draghi, früher in den Diensten von
Goldman Sachs. Oder nehmen wir Caio Koch-Weser, der von 1999 bis 2005 Staatssekretär im Bundesfinanzministerium war. Er war maßgeblich daran beteiligt, dass die öffentliche Haftung für die
Landesbanken abgeschafft wurde, was den privaten deutschen Großbanken große Vorteile brachte.
Da verwundert es nicht, dass der Sozialdemokrat
inzwischen bei der *Deutschen Bank* arbeitet. Auch
Jörg Asmussen hat eine erstaunliche Wandlung seiner Ansichten hinter sich, wenn sie sich überhaupt
gewandelt haben. Der Sozialdemokrat galt vor seiner Zeit als Staatssekretär im Finanzministerium
der schwarz-roten Koalition (ab Juli 2008) als Liberalisierer. So war er zum Beispiel der Meinung, man
müsse Kreditderivate in Deutschland zulassen. Das
sind jene Papiere, die – unter anderen – die Finanzkrise auslösten. Als Staatssekretär während der Finanzkrise wurde Asmussen zur Schlüsselfigur im
Management der Finanzkrise und plädierte eher

für Regulierung. Inzwischen wurde er von der schwarz-gelben Regierung zum Chefvolkswirt der Europäischen Zentralbank befördert – mal sehen, wo er nun seine Prioritäten setzt.

Entsprechend schockiert reagierte das politische Establishment denn auch auf den Zusammenbruch von Lehman Brothers am 15. September 2008 – mit dem wohl niemand gerechnet hatte. Wie tief der Schock saß, erlebten wir Journalisten am Donnerstag, den 25. September 2008, als Bundesfinanzminister Peer Steinbrück im Deutschen Bundestag sagte: »Niemand sollte sich täuschen. Die Welt wird nicht wieder so werden wie vor dieser Krise.«

Inzwischen ist sie fast wieder so wie vor der Krise. Und dies auch deshalb, weil die Politik in erster Linie Krisenmanagement betrieben und bisher so gut wie keine grundlegenden Reformen des Finanzsystems durchgesetzt hat. Konkret reagierte die Politik auf die Krise mit einer Kombination aus Lüge, Konjunkturprogramm und Rettung der Banken auf Kosten der Steuerzahler. Am Anfang stand eine Lüge von Bundeskanzlerin Angela Merkel: Sie stellte sich vor die Bevölkerung und erklärte, dass der Staat alle Spareinlagen garantieren würde.

Dass dies eine Zwecklüge war, hat Angela Merkel inzwischen indirekt eingeräumt. Denn im Falle eines totalen Crashs wäre die Politik niemals in der Lage gewesen, alle Sparguthaben zu bezahlen. Erfolgreich war der Versuch, die Folgen der Finanzkrise durch zwei schuldenfinanzierte Konjunkturprogramme abzufedern. Dazu kamen großzügige Kurzarbeitregelungen, die die Arbeitslosigkeit gering hielten.

Welch große geistige Nähe die Regierung noch immer zur Finanzwirtschaft hatte, zeigte der Versuch, die Banken zu retten. Dabei wusste der damalige Bundesfinanzminister Peer Steinbrück sehr wohl, wer Ross und wer Reiter war. »Wenn es auf den Weltfinanzmärkten brennt, dann muss gelöscht werden. Auch wenn es sich um Brandstiftung handelt«, rechtfertigt er seinen Willen, einen Flächenbrand unter den Banken zu verhindern. Für diese Löschaktion gab es durchaus Argumente. Denn ein Zusammenbruch der Betroffenen hätte unabsehbare Konsequenzen für die Wirtschaft mit sich bringen können. Überraschend war jedoch, mit welcher Selbstverständlichkeit die Bundesregierung die Spitzen der Großbanken und der *Allianz AG* gleichberechtigt an der Rettungsaktion beteiligte. Plötzlich wurden die Brandstifter zur Feuerwehr erhoben. Und siehe da: Rund 480 Milliarden Euro stellte die Regierung für die Stabilisierung des Finanzmarktes bereit, davon 80 Milliarden Euro als direkte Zuschüsse und 400 Milliarden Euro als Bürgschaften. Bei alledem hofft die Regierung, dass diese Staatshilfen nie in Anspruch genommen werden und den Steuerzahler eben doch nichts kosten würden. Doch das ist eine Täuschung.

Zwar klopfen sich Banker, Politiker und manche Journalisten bereits auf die Schultern. Die *Commerzbank* hat die Staatshilfen zurückgezahlt. Richtig ist auch, dass von dem gesamten Kapital im Sommer 2011 nur noch ein kleiner Teil in Anspruch genommen wird. Bei den Bürgschaften sind es etwa 36 Milliarden Euro, die noch bis 2015 laufen. Von ihnen droht derzeit keine Gefahr. Von den 80 Milliarden an Staatszuschüssen wurden 29 Milliarden benötigt. »Die Kosten sind deutlich geringer, als zunächst befürchtet«, sagt Dieter Hein, ein renommierter Aktienanalyst. Was den Bankenrettungsfonds *Soffin* angeht, so scheint tatsächlich alles nur halb so schlimm.

Doch das ist nur die eine Seite der Medaille. Die andere gibt keinen Anlass zum Jubeln. Schon vor der Einrichtung des Rettungsfonds war der Staat der *IKB-Bank* mit 9,6 Milliarden Euro beigesprungen, weil diese sich verspekuliert hatte. Das Geld kommt wohl kaum zurück. Mehrere Bundesländer griffen zudem ihren Landesbanken mit gewaltigen Summen unter die Arme: 5 Milliarden ging an die *Landesbank Baden-Württemberg*, 3 Milliarden an die *HSH Nordbank* und 10 Milliarden an die *BayernLB*. Diese Zuschüsse gelten als verloren.

Noch größere Lasten lauern im Verborgenen. Nämlich die alten Schulden zweier Banken, die der Staat einst selbst gegründet hatte: der *Hypo Real Estate* und der *WestLB*. Insgesamt handelt es sich um die stolze Summe von 241 Milliarden Euro, die der Staat diesen Banken abgenommen hat, damit sie überhaupt weiterleben konnten. Die Schulden wurden Abwicklungsanstalten übertragen. Diejenige der Hypo Real Estate heißt *FMS Wertmanagement* und verwaltet 173 Milliarden Euro. Da es sich dabei auch um Schrottanleihen handelt, die viel weniger wert sind, als draufsteht, dürfte der Staat dadurch viel Geld verlieren. Wie viel Schrott genau im Keller liegt, kann man erst sicher sagen, wenn die Laufzeiten der Wertpapiere enden und die Institute ihre Aufgabe beendet haben und abgewickelt sind. Dass die Kosten beträchtlich werden, zeigt allein der Verlust von 3 Milliarden Euro, den die FMS Wertmanagement für 2010 bekanntgab. Rechnet man ähnliche Verluste auf das nächste Jahrzehnt hoch, dann gehen Experten wie Christoph Kaserer, Professor für Finanzmanagement an der Universität München, davon aus, dass durch die Rettung der Banken Kosten in Höhe von einem bis zwei Prozent des Bruttoinlandsproduktes entstehen werden. Das wären zwischen 25 und 50 Milliarden Euro. Wie viele Schulen und Kindergärten hätte man dafür einrichten oder besser ausstatten können? Bedenkt man, dass der Staat sich zusätzlich massiv verschulden musste, um Einbrüche bei den Steuern auszugleichen und Konjunkturprogramme sowie Kurzarbeit zu finanzieren – dann werden die Steuerzahler für die Rettung der Bankenwelt noch lange bluten.

Doch damit nicht genug. Nachdem die Bundesregierung (und die anderen Regierungen) nach der Finanzkrise vor allem an der Rettung der Banken und nicht an der Lösung der Probleme interessiert war, kehren die Probleme in der Eurokrise wieder. Die Menschen haben Begriffe wie »Bankenschirm«, »Rettungsschirm« oder »Rettungspaket«

noch nicht vergessen, da taucht der Begriff »Rettungsschirm« bereits wieder auf, nämlich bei dem Versuch, die Staatsschuldenkrise in der Eurozone zu bewältigen. Da es sich dabei um Europa handelt, sind die Beträge, um dies es geht, noch viel höher als nach der Finanzkrise.

Ähnlich wie bei der Finanzkrise zeigt sich auch in der Eurokrise, wie das Geld die Welt regiert – oder auch Europa. Wieder einmal weiß Josef Ackermann, der Chef der Deutschen Bank, am besten, was den Interessen der Bankenwelt dient: Er spielt den guten Europäer. Es sei doch »unvorstellbar, Griechenland einfach fallen zu lassen«. Man müsse »kleinere Brände löschen, bevor größere entstehen«, sagte Ackermann im Oktober 2011. Mit »größeren Bränden« meint er offiziell Europa und den Euro, hinter vorgehaltener Hand jedoch die Bankenwelt. Denn immer mehr Stimmen verlangen, einen beträchtlichen Teil von Griechenlands Schulden zu streichen. Damit würden die Gläubiger ihr Geld für Anleihen an Griechenland nicht mehr voll erstattet bekommen – und für die Schulden Griechenlands mithaften. Genau dies fürchten die Banken.

Bisher war die Lobbypolitik der Banken ein voller Erfolg. Es dauerte bis zum Gipfeltreffen der europäischen Regierungen Ende Oktober 2011, bis die Politik endlich einen Versuch unternahm, die Gläubiger an der Lösung der Schuldenkrise Griechenlands zu beteiligen. Ob dieser Versuch gelingt, weiß noch niemand. Dabei bezahlen viele Griechen schon heute für Kredite, die sie nie gesehen haben. Eine »Troika« aus EU-Kommission, Europäischer Zentralbank und Internationalem Währungsfonds zwingt Griechenland immer von Neuem zu einer harten Sparpolitik, unter der vor allem Rentner, Angestellte und Arbeitslose leiden. Gleichzeitig stellt ein auf Druck von Banken und Versicherungen konzipiertes Gläubigerschutzprogramm sicher, dass die griechische Regierung alle bis 2011 fälligen Schulden bezahlen kann.

Diesem Zweck dient auch der Stabilisierungsfonds EFSF (*European Financial Stability Facility*), der sogenannte Rettungsschirm. Sein Geschäftszweck besteht darin, selbst Geld am Kapitalmarkt aufzunehmen und es an überschuldete Staaten weiterzuverleihen. Nach der Zustimmung des Bundestages und der anderen Euro-Länder kann er Kredite in Höhe von 440 Milliarden Euro vergeben. Deutschland bürgt für rund 28 Prozent dieser Summe. Um das Vertrauen der Märkte und Ratingagenturen zu garantieren und die geplanten 440 Milliarden Euro an Krediten vergeben zu können, beschlossen die Parlamente in der Europäischen Union, den Rettungsschirm mit einer Kreditaufnahme-Ermächtigung in Höhe von 780 Milliarden Euro auszustatten. Der deutsche Bürgschaftsanteil steigt dadurch von 123 auf 211 Milliarden Euro. Um die begehrte Höchstnote AAA der Ratingagenturen für den Rettungsfonds nicht zu gefährden, wird dessen Garantiesumme ständig weiter aufgestockt.

Die ständig steigenden Summen des Rettungsschirms dürfen jedoch nicht darüber hinwegtäuschen, dass er nicht in erster Linie Griechenland rettet. Dieser »Rettungsschirm« sorgt dafür, dass Griechenland seine Schulden bedienen kann. Damit stützt er die Gläubiger, denn der Schirm stabilisiert die Kurse von Griechenland-Anleihen, die viele Banken und andere Anleger erworben haben, um von den hohen Zinsen zu profitieren. Da der Wert der Anleihen ohne den Rettungsschirm längst verfallen wäre, bewahrt der Fonds die Banken und Spekulanten vor hohen Verlusten. Solch ein Rettungsschirm mag notwendig sein, um die Pleite Griechenlands zu verhindern und die Krise zu entspannen. Tatsächlich nutzt er den Banken mehr als Griechenland.

So zeigt die Rhetorik um den Rettungsschirm einmal mehr, dass Bundeskanzlerin Angela Merkel und Finanzminister Wolfgang Schäuble in erster Linie die Interessen von Banken, Versicherungen und der Europäischen Zentralbank schützen, die inzwischen Griechenland-Anleihen besitzt. Da die Politik kaum Selbstbewusstsein im Umgang mit der Finanzlobby besitzt, verfällt sie immer wieder auf die vermeintlich einfache Strategie, die Zahlungsfähigkeit der Schuldnerländer durch einen Fonds zu garantieren, statt einen Konflikt mit der Finanzlobby zu riskieren und die Probleme des Finanzsystems innerhalb und außerhalb der Eurozone an der Wurzel anzugehen.

Schuld und Schulden
in der Eurozone

Seit vielen Monaten ächzt der Euro unter den hohen Schulden von Griechenland, Irland, Portugal und Italien. Er ächzt unter der Krise der französischen Banken und der spanischen Wirtschaft. Die Politiker treffen sich ständig und wirken auf jeder Konferenz noch orientierungsloser. Die Bürger spüren, dass die Politiker Getriebene des Finanzsystems, Getriebene von Spekulanten und Ratingagenturen sind. In ihrer Unsicherheit flüchten sie in jene Wirtschaftspolitik, die schon bekannt ist: Sie gründen Rettungsfonds und jonglieren mit immer höheren Milliardenbeträgen, hofieren die Banken – und bürden die Krise in erster Linie den Rentnern, Arbeitslosen und den Beschäftigten der Schuldnerländer auf. Und dann wundern sie sich, dass die Rettungsfonds die Krise bisher immer nur kurz entspannen, aber nie wirklich lösen konnten.

Zwar ist der Euro auch dann nicht gefährdet, wenn Griechenland pleitegeht. Ein Land mit einer Wirtschaftsleistung von gerade mal zwei Prozent der Eurozone kann den Euro nicht gefährden. Gefährlich wäre jedoch ein Dominoeffekt, wenn nach Griechenland auch noch Portugal oder größere Länder wie Spanien und Italien nicht mehr zahlungsfähig wären. Aus diesem Grund fürchten immer mehr Menschen um den Euro – und letztlich um ihr Geld. Längst mischen sich in die Angst der Bürger um den Euro Aggressionen gegen die gemeinsame Währung. Nicht wenige Deutsche wollen zurück zu einer starken D-Mark.

Doch so verständlich diese Forderung auf den ersten Blick klingt, so irrational ist sie. Klar: Der Euro war noch nie sonderlich beliebt. Und viele Deutsche hielten ihn schon immer für einen »Teuro«. Wer aber die Rückkehr zu nationalen Währungen fordert, verkennt, dass der Euro besser und wichtiger ist als sein Ruf – und dass auch die Zukunft Europas vom Euro abhängt.

Verkannt wird gerne, dass der Euro seit 2001 gegenüber dem US-Dollar und dem japanischen Yen an Wert gewonnen hat. Verkannt wird auch, dass die Rückkehr zur D-Mark der Exportwirtschaft

Deutschlands schwer schaden würde – die D-Mark würde ständig an Wert gewinnen und die deutschen Produkte verteuern. Und nicht zuletzt wäre die Rückkehr zu nationalen Währungen eine Einladung an die Spekulanten, jetzt wieder gegen 17 Einzelwährungen zu spekulieren.

Doch das ist gar nicht mal das Wichtigste: Der Euro war und ist mehr als eine einfache Währung – oder sollte wenigstens mehr sein. Er ist ein Symbol für die enge Kooperation unabhängiger Nationalstaaten, die weltweit ihresgleichen sucht. Und wer die weltpolitische Entwicklung seit der Finanzkrise beobachtet, weiß, dass nichts wichtiger ist als ein starkes Europa. Denn: Wir erleben den Abstieg der Weltmacht USA. Viele werden ihr nicht nachtrauern, identifizieren sie die USA doch zu Recht mit einer brutalen Form des Kapitalismus. Gleichzeitig erleben wir jedoch den Aufstieg der kapitalistischen Diktaturen China und Russland. China hat große Teile der Welt mit seinen Auslandsüberschüssen von 3200 Milliarden Dollar in der Hand, unter anderem die USA. Russland zählt zwar wirtschaftlich (noch) nicht zu den dominanten Ländern, wird aber mit seinen riesigen Reserven an Energierohstoffen immer mächtiger. Und dies umso mehr, je mehr Wirtschaftsregionen der Erde auf ein möglichst hohes Wachstum mithilfe der fossilen Rohstoffe Öl und Gas setzen. Man kann jederzeit glaubhaft einwenden, die Europäische Union sei eine demokratisch und sozial gerecht organisierte Musterregion. Wer will das bestreiten? Zusätzlich gilt auch: Es ist die einzige Staatengemeinschaft weltweit, die versucht, soziale Gerechtigkeit, Nachhaltigkeit und Wirtschaftlichkeit zusammenzudenken.

Wäre alles gut gelaufen, dann könnte der Euro inzwischen das Aushängeschild einer wirtschaftlich gesunden und gerechten Europäischen Union sein – ein weltweit einmaliger Versuch, Sozialstaat und Kapitalismus zu verbinden. Doch es lief nicht gut. Die Regierungen der Euroländer wollten bei der Einführung des Euro – und auch sonst – möglichst wenig Sozialstaat und möglichst viel Kapitalismus.

Und dann passierten jene Konstruktionsfehler, unter denen die Euro-Gemeinschaft heute leidet. Es sind vor allem zwei:

Der Erste: Die Euro-Gründer ketteten einfach Länder mit völlig unterschiedlichen Volkswirtschaften, stärkeren und schwächeren, über eine

Währung aneinander. Und verabschiedeten die sogenannte *No-Bail-out*-Klausel: Kein Mitgliedsland darf verpflichtet werden, Not leidenden Ländern mit Geld auszuhelfen. Deshalb entscheidet allein der freie Markt über Wohl und Wehe der Mitgliedsländer – und der Währung.

Dies war und ist ganz im Interesse der exportstarken Länder. Denn: Sie müssen in einer Währungsunion nicht die Aufwertung ihrer nationalen Währung und damit die Verteuerung ihrer Produkte befürchten. Wenn sie die Lohnstückkosten gering halten und in den technischen Fortschritt investieren, dann ist ihre Wirtschaft immer konkurrenzfähig und sie können billig investieren. Damit wächst jedoch die Gefahr, dass die Überschüsse der Exportländer in der Eurozone Defizite (und Schulden) in den exportschwächeren Ländern produzieren. Diesen Ländern kann dann nicht rechtzeitig geholfen werden, weil gegenseitig Solidarität oder auch nur wirtschaftliche Unterstützung bis heute nicht Teil des Eurokonzeptes sind.

Dazu kommt das zweite Problem: Vor der Einführung des Euro wurden die Leitzinsen von den nationalen Zentralbanken nach den Inflationsraten des jeweiligen Landes festgelegt – hohe Zinsen bei hoher Inflation, niedrige Zinsen bei geringer Inflation. Seit der Einführung des Euro gilt jedoch der gleiche Leitzins für alle Euroländer, der von der Europäischen Zentralbank festgesetzt wird. Die Folge: Sie entscheidet sich für einen Mittelwert, der für Länder mit geringer Inflation wie Deutschland oder Frankreich zu hoch, für Krisenländer mit hoher Inflation jedoch aufreizend niedrig ist. Was so harmlos klingt, birgt für Investoren und Regierungen in den Ländern mit hohen Inflationsraten die große Versuchung, so viele Kredite aufzunehmen wie möglich, da die Zinsen ja so günstig sind.

Diese Chance nutzten jene weidlich. Irland lockte Investoren mit Niedrigsteuersätzen an und garantierte für die Schulden der Banken. In Spanien steckten Investoren Milliarden günstiger Kredite in den Bau spekulativer Immobilien und Golfplätze. Mehrere griechische Regierungen – alle in der Hand von wenigen reichen Familien – blähten den Staatsapparat auf und kauften Rüstungsgüter zum Schutz vor dem angeblichen Todfeind Türkei. Ganz im Sinne einer Klientelwirtschaft finanzierten Politik und Oberschicht ihren üppigen Lebensstil auf Pump. Steuern zu zahlen oder ihre Wirtschaft konkurrenzfähiger zu machen stand nicht auf ihrer Tagesordnung.

Lange Zeit wurden diese Verwerfungen in Euroland vom Scheinwachstum des Geldmarktes zugedeckt – wenn überall mit billigen Krediten und hohen Schulden Scheinwachstum finanziert wird, fällt dies auch in der Eurozone nicht auf. Doch 2008 ließ die Finanzkrise die Spekulationsblasen platzen.

Sie riss spanische Immobilieninvestoren reihenweise in die Pleite; in Irland wurden Wertpapiere wertlos, der Staat musste die Banken retten und türmte grandiose Schuldenberge auf.

Griechenland exportiert wenig, importiert viel – die Staatsausgaben sind hoch, die Steuereinnahmen gering. Die Lücke wurde über Staatsschulden gedeckt, die jetzt 160 Prozent der Wirtschaftsleistung des Landes ausmachen.

Als Folge brauchten diese Länder mehr und mehr Geld. Ihren Bedarf an immer neuen Krediten nutzten Geldgeber und Spekulanten, um die Zinsen für Anleihen in die Höhe zu treiben – unterstützt von Ratingagenturen, die stets aufs Neue die Zahlungsfähigkeit der Länder infrage stellen. Dann steigen die Zinsen weiter.

Diese Entwicklungen haben sich inzwischen zu einem Knäuel an Schulden und Interessen verwoben, das zu entwirren sehr schwierig ist. Doch statt das Übel an der Wurzel zu packen und den Euro auf eine neue Grundlage zu stellen, suchen weite Teile von Politik, Medien und Wissenschaft seit Monaten Zuflucht bei Scheinlösungen, die immer wieder neu aufgebrüht werden.

Europolitik oder:
Mehr Schein als Sein

Kaum hatten sie die Überschuldung vieler Euroländer erkannt, griffen die Regierungen der dominierenden Eurostaaten Deutschland und Frankreich wieder in die Mottenkiste des Marktradikalismus. Wenn Länder über ihre Verhältnisse leben, so hieß es von Anfang an, dann müssten sie eben sparen. So setzen sie seit 2010 jene Therapien durch, die der Internationale Währungsfonds in den 1980er-Jahren hoch verschuldeten Entwicklungsländern aufbürdete: geringere Staatsausgaben, Entlassungen im öffentlichen Dienst, Privatisierung staatlicher Leistungen sowie geringere Renten, Arbeitslosenunterstützung und Löhne bei gleichzeitig steigenden Steuern. So senken Griechenland, Spanien und Portugal seit Monaten Löhne, Renten und Sozialleistungen, während die Steuern erhöht wurden.

Doch diese drastisch anmutenden Maßnahmen lösen die Krise nicht. Im Gegenteil. In allen Ländern wächst die Armut und mit ihr die Arbeitslosigkeit. Da die Menschen weniger verdienen und auch der Staat weniger ausgibt, sinkt die wirtschaftliche Leistung. In Griechenland lagen die Staatseinnahmen im Sommer 2011 um 7,1 Prozent unter dem Vorjahreswert. Die Schulden steigen – gerade wegen des Sparprogramms. Gleichzeitig wachsen die Spannungen in der Bevölkerung, weil die Krise im Wesentlichen von Arbeitern, Rentnern und Angestellten getragen werden soll. Zwar wurden auch die Finanzämter verstärkt, doch die Reichen zahlen in Griechenland immer noch wenig Steuern – die Kürzungen im Rüstungshaushalt fallen bisher eher bescheiden aus.

Während die Unruhen in den Krisenländern zunehmen und die Lösungen als Scheinlösungen durchschaut werden, wächst der Populismus: Griechenland raus aus dem Euro, Portugal raus aus dem Euro. Nicht wenige Beobachter fordern, oft hinter vorgehaltener Hand, die Wiedereinführung der ehemaligen Währungen in Griechenland und Portugal, Drachme und Escudo. Und die, die dies fordern, geben vor, dies wäre ganz im Sinne dieser Länder. Das wäre es jedoch nicht. Angesichts der geringen Exportfähigkeit und der vielen Importe würden Drachme und Escudo schon kurz nach ihrer Einführung dramatisch an Wert verlieren. Die griechischen Exporte würden dadurch zwar billiger. Da Griechenland aber wenig exportiert, würde dies nicht viel nützen. Umgekehrt würden die Energierohstoffe und andere Importe Griechenlands drastisch teurer. Durch die galoppierende Inflation verlören Löhne und Renten schnell an Wert. Da die Auslandsschulden nach wie vor in Dollar und Euro anfallen, wäre ihre Rückzahlung unmöglich. Staatsbankrott und Massenarmut drohten dann erst recht.

Diese Strategien sind nicht Teil der Lösung, sondern Teil des Problems. Erst langsam wächst in der Politik das Bewusstsein dafür, dass Sparprogramme in den Schuldnerländern und die ständige Betonung der Gläubigerinteressen nicht reichen, um den Euro dauerhaft zu retten. Dabei gibt es historische Beispiele für den Umgang mit hoch verschuldeten Ländern: Zum Beispiel die Schuldenkrise vor allem lateinamerikanischer Militärdiktaturen in den 1980er-Jahren. Auch hier trafen Sparprogramme zwar die Ärmsten der Armen hart – das reine Sparen trug jedoch kaum zur Entschuldung dieser Länder bei. Sie hatten schlichtweg nicht die

Exporteinnahmen, mit denen sie die Auslandsschulden hätten abbezahlen können. Gelöst wurde die Schuldenkrise zumindest für die meisten Schwellenländer in Lateinamerika erst mit dem Plan des US-amerikanischen Außenministers Nicholas Brady, der den Schuldnerländern einen Teil der Schulden streichen wollte, wenn sie den Gläubigern die Rückzahlung der verbleibenden Schulden garantierten. Das trug entscheidend zur Entspannung der Schuldenkrise in jenen Ländern bei, die sich dann auch wirtschaftlich erholten.

Die Schuldenkrise in der Eurozone und die Entwicklung des Finanzsystems sind zwei Seiten der gleichen Medaille: Sie können von der Politik nur bewältigt werden, wenn diese ihre Fixierung auf marktradikale Strategien und ihre Verbeugung vor den Interessen von Banken und anderen Gläubigern aufgeben. Wann immer sich die Politik in erster Linie an der – angeblichen – Logik des freien Marktes orientiert, verstärkt sie letztlich jene Mechanismen, die erst in die Finanzkrise geführt haben. Die Probleme in der Eurozone sind nur durch die Einsicht lösbar, dass eine gemeinsame Währung auch eine gemeinsame Wirtschaftspolitik erfordert, die die Lasten gerecht zwischen Überschussländern, Schuldnerstaaten und Gläubigern verteilt und die die Volkswirtschaften in den Krisenländern stärkt. Es braucht eine Politik, die das Finanzsystem neu gestaltet, statt den mächtigen Interessen politisch nachzulaufen.

Lasst uns das Geld regieren

Auf den ersten Blick erscheint es vielen Experten gar nicht so schwierig, die Finanzmärkte mit einer neuen Politik zu stabilisieren. Die einen verweisen zu Recht darauf, dass viele notwendige Regeln für die Finanzmärkte ja bekannt seien. Andere weisen darauf hin, dass das Finanzwesen in bestimmten Bereichen bereits reguliert sei, sodass nur die Regeln verbessert werden müssten.

Bei Lichte betrachtet ist die Sache jedoch schwieriger. Zwar müht sich die Politik durchaus um neue Regeln für die Finanzmärkte. Doch ein paar neue Vorschriften sichern die Zukunft nicht. Es geht um eine grundlegende Umkehr: Eine Politik, die bisher vor allem auf billiges Geld, auf die Reichen, die Gläubiger und die Finanzinvestoren setzte, muss grundsätzlich umsteuern – hin zu einer gerechteren Verteilung des Reichtums, zu einer Kontrolle derer, die das Geld regieren. Eine Politik, die wirklich ein nachhaltiges Finanzsystem gestalten möchte, das der realen Wirtschaft, den Menschen und der Natur dient, muss das Finanzwesen vom Kopf auf die Füße stellen: Geld muss vom Spekulationsinstrument zum Gestaltungsmittel werden – und dem Gemeinwohl dienen. Die Menschen müssen das Geld regieren und nicht umgekehrt.

Das wird erst geschehen, wenn fünf Weichen neu gestellt werden:

Eine gerechtere Verteilung des Reichtums. Eine ganze Reihe Superreicher in Deutschland, in Frankreich und auch in den USA haben es längst erkannt – sie wollen den Reichtum stärker besteuern, auch ihren eigenen. Nicht dass eine Reichensteuer allein die wirtschaftlichen und sozialen Probleme lösen könnte. Dennoch hebt sich der Vorschlag ab von der Ratlosigkeit der Regierenden und ihrer Zentralbanken. Ihnen fällt zur Lösung der Schuldenkrise immer nur ein, noch mehr Geld in die Wirtschaft zu pumpen. Damit verhalten sie sich wie Ärzte, die ein Medikament verschreiben, das die Krankheit eher verstärkt als heilt.

So erklärte zum Beispiel der US-amerikanische Zentralbankchef Ben Bernanke, dass er den Leitzins der Zentralbank, zu dem alle anderen Banken

Geld leihen können, für zwei Jahre bei 0 bis 0,25 Prozent belassen wolle. Auf gut Deutsch: Die Banken können weitere zwei Jahre billiges Geld leihen, um damit zu spekulieren. Auch die Europäische Zentralbank druckt immer mehr Geld und pumpt es in die Schuldnerländer Europas.

Immer neue Geldschwemmen sind jedoch nicht Teil der Lösung, sondern Teil des Problems. Statt die finanzwirtschaftlichen Probleme an ihrer Wurzel anzugehen, füllen sie die Taschen derer, die ohnehin schon genug haben und oft genug die Probleme auf den Finanzmärkten mit verursacht haben: So nehmen die Banken und Investmentfonds das Geld und spekulieren einfach weiter wie bisher – bis zum nächsten Crash. Die großen Konzerne brauchen das Geld ohnehin nicht, sie haben genug davon. Alle US-Konzerne haben mehr Geld auf ihren Konten, als die gesamte US-Wirtschaft jedes Jahr an Wert produziert. Allein der Technologiegigant Apple verzeichnete 2010 Gewinne, die höher waren als die Schulden, die die US-Regierung neu aufnehmen musste. Und die dreißig deutschen Dax-Unternehmen investierten im Boomjahr 2010 zwar viel, bauten aber gleichzeitig 12 000 Arbeitsplätze in Deutschland ab.

Eine der zentralen Ursachen für die Finanz- und Schuldenkrise liegt in der jahrzehntelangen Umverteilung von unten nach oben durch die marktradikale Politik. Dass sie die Steuern der Besserverdienenden laufend gesenkt und dafür gesorgt hat, dass die Gewinne stärker stiegen als die Löhne, ist zunächst ein moralisches Problem. Es ist aber auch ein finanzwirtschaftliches. Wenn die Kluft zwischen Gewinnern und Verlierern der Gesellschaft immer größer wird, werden die Überschüsse der Reichen nicht mehr in Produktionswachstum investiert, weil es keine Nachfrage nach neuen Produkten und Dienstleistungen gibt. Stattdessen fließen die Überschüsse auf die Finanzmärkte. Die steigenden privaten Vermögen sind nichts weiter als ein Symbol der wachsenden Kluft zwischen Gewinnern und Verlierern der Gesellschaft, die hohen öffentlichen Schulden ein Spiegelbild des privaten Reichtums. Wird unter diesen Bedingungen einfach gespart, um die Schulden abzutragen, dann wächst die Kluft zwischen privatem Reichtum und öffentlicher Armut weiter.

Diese Entwicklung ändert sich mit einer Abkehr von der marktradikalen Politik, mit einem Bekenntnis zum aktiven Staat. Nicht die Finanzmärkte, sondern die Regierungen brauchen mehr Geld, um in eine nachhaltige und sozial gerechte Wirtschaft zu investieren: in eine grüne Energieversorgung, in eine ökologische Verkehrspolitik, in soziale und öffentliche Dienstleistungen, in einen sozialen Ausgleich zwischen Arm und Reich, in eine gerechte Rente und in Bildung und Ausbildung für alle Kinder, vor allem für jene aus ärmeren Elternhäusern. Diese Investitionen mit höheren Schulden zu finanzieren hieße, die künftigen Generationen zu belasten – und die Konzentration des privaten Reichtums weiter zu fördern. Die Alternative sind höhere Steuern auf höhere Einkommen, auf Kapitalerträge, auf Vermögen, auf hohe Erbschaften, auch auf den Kauf teurer Konsumartikel – also auf jene Einkommen, die derzeit das Spielgeld auf den Finanzmärkten vermehren.

Und mehr Geld brauchte auch jenes Drittel schlecht bezahlter Arbeitnehmer, prekär Beschäftigter und Arbeitsloser, die seit zwanzig Jahren in fast allen reichen Industrieländern vom Wohlstand abgekoppelt werden. Erst wenn sie mehr Geld haben, lassen sich die wirtschaftlichen und sozialen Probleme lösen: Sie sind es nämlich, die in den Geschäften einkaufen, die derzeit reihenweise schließen.

Wer höhere Steuern und einen aktiveren Staat fordert, macht sich derzeit nicht beliebt. Doch die Geschichte der Weltwirtschaftskrise von 1929 zeigt, dass es nach einer tiefen Weltfinanzkrise keinen anderen Weg gibt als eine neue Politik der Umverteilung und der Stärkung des Staates. Die Krise in den USA wurde erst gelöst, als sich der damalige US-Präsident Franklin D. Roosevelt zu einem »New Deal« entschloss – einem Programm staatlicher Beschäftigungspolitik und des Neuaufbaus der Infrastruktur und der sozialen Dienste. Der Spitzensteuersatz lag am Ende bei 79 Prozent, die Erbschaftssteuer bei 77 Prozent.

So hohe Steuern sind wohl nicht notwendig. Dennoch ist es ein Verdienst jener Reichen, die eine Reichensteuer fordern, auf die zerstörerische Kluft zwischen wachsendem privaten Reichtum bei steigender öffentlicher Armut aufmerksam gemacht zu haben. Diese Kluft zu schließen wäre ein erster Schritt, um »das Biest« – so nennt der US-amerikanische Ökonom Nouriel Roubini die Finanzmärkte – auszuhungern.

Schranken für die Spekulanten. Ein Finanzsystem, das nachhaltig der Gesamtwirtschaft dient und nicht nur den Banken und Finanzinvestoren, erfordert klare Regeln, Kontrollen und auch Verbote. Dabei geht es nicht um eine Fülle von Bürokratie, sondern um wenige, aber durchgreifende Vorgaben. Bereits heute müssen die Banken mehr Eigenkapital vorhalten als noch zu Zeiten der Finanzkrise. Das hat Ende Oktober 2011 auch die EU-Kommission erkannt. Sie will vor allem die systemrelevanten Banken, also die größeren in Europa, dazu zwingen, für die meisten Geschäfte ein Eigenkapital von bis zu neun Prozent vorzuhalten, heute sind es zwischen zwei und vier Prozent. Dies bedeutet, dass bei den Geschäften der Banken viel mehr eigenes Geld im Spiel ist – sie werden dann sehr viel vorsichtiger agieren. Dies ist ein erster Schritt zur Begrenzung der ständig weiter wachsenden Geldschöpfung. Besonders wichtig ist dabei, dass auch für Geschäfte mit Wertpapieren mindestens so hohe Eigenkapitalquoten gelten wie bei Kreditgeschäften – dies ist bis heute nicht so.

Allerdings sind höhere Eigenkapitalquoten nur ein erster Schritt. Mindestens so wichtig sind Kontrollen für die Schattenbanken und Schattenfi-

nanzzentren. Bereits heute zeigt sich, dass mehr
Regeln für die konventionellen Banken viel Speku-
lationsgeld in die Hedgefonds und die anderen
Schattenbanken treiben, die dann auf Steueroasen
spekulieren. Hier braucht es eine internationale
Finanzaufsicht und ein internationales Vorgehen
gegen Schattenfinanzzentren. Erst wenn ihnen der
Handel mit wichtigen Währungen wie Dollars oder
Euro verboten zu werden droht, werden sie mit den
Aufsichtsbehörden in Europa oder den USA kooperieren. Die rasante Vorgehensweise der US-Regierung zur Offenlegung der Konten von Al-Qaida
nach den Anschlägen in New York und Washington
zeigte, wie schnell die karibischen Steueroasen
nachgeben, wenn sie entschlossene Regierungen
gegen sich haben.

Ein entschlossenes Vorgehen muss auch extreme
Formen von Spekulation verhindern, die nur den
Spekulanten, nicht aber der Gesamtwirtschaft dienen. Dazu zählen zum Beispiel Leerverkäufe, also
der Verkauf von Wertpapieren, die der Verkäufer
nicht besitzt. Er verkauft sie pro forma zum gegen-
wärtigen Preis und hofft sie dann in Zukunft zu einem günstigeren Preis zu erwerben als jenem, zu
dem er sie verkauft hat. Diese Leerverkäufe finden

ohne Kapital – also leer – statt und nutzen nur den Spekulanten. Verstärkt gilt dies auch für die Spekulation mit Nahrungsmitteln. Da viele Experten aufgrund der wachsenden Menschheit auf steigende Nahrungsmittelpreise setzen, ist diese Art der Spekulation derzeit sehr attraktiv – sie ist Teil vieler Fonds. Sie verstößt jedoch gegen jede Ethik, da sie die Nahrungsmittelpreise schnell in die Höhe treiben kann, sodass sie für die Ärmsten der Armen zu teuer werden. Mit einer nachhaltigen und gerechten Gestaltung der Weltwirtschaft sind Nahrungsmittelspekulationen nicht vereinbar.

Insolvenzverfahren für Staaten. Ende Oktober war es endlich so weit: Der französische Staatspräsident Nicolas Sarkozy und die deutsche Bundeskanzlerin Angela Merkel beschließen, mehr Druck auf die privaten Anleger auszuüben, damit diese Griechenland mindestens die Hälfte ihrer Forderungen erlassen. Seit Monaten dämmert Politikern und auch Bankern, dass Griechenland seine Schulden in Höhe von 350 Milliarden Euro (160 Prozent der Wirtschaftsleistung des Landes) nie wird zurückzahlen können. Wahrscheinlich wird das Land angesichts der Sparpolitik schon mit der Hälfte der Schuldenlast noch Rückzahlungsprobleme haben. Die Lösung liegt in einem intelligenten Schuldenschnitt. Damit deutet sich an, dass die Schuldenkrise der europäischen Krisenländer auf ähnliche Weise gelöst werden soll, wie dies schon im Lateinamerika der 1980er-Jahre der Fall war. Damals kam für einige Staaten die Rettung durch den Plan des US-amerikanischen Finanzministers Nicholas Brady, der den Gläubigern verschiedene Angebote unterbreitete, bei denen sie zwar auf Geld verzichten mussten, dafür aber dank entsprechender Sicherheiten auf die Bedienung der verbleibenden Schulden setzen konnten. Dieses Angebot dürften die Regierungen auch Griechenland unterbreiten.

Dies ist sicherlich ein wichtiger Schritt zur Entspannung der Schuldenkrise Griechenlands. Generell reicht dieser Schritt aber nicht aus. Wie von Angela Merkel und dem ehemaligen Bundespräsidenten Horst Köhler gefordert, wird es Zeit, ein geregeltes Insolvenzverfahren für Staaten zu etablieren, in Anlehnung an Insolvenzverfahren bei Unternehmen. Für Jürgen Kaiser, den Koordinator von *erlassjahr.de*, könnte Europa dabei von Deutschland lernen: Im Jahre 1953 verhandelte Deutschland mit 22 Gläubigerstaaten. Die deutsche Delegation bittet ihre Partner um einen Schuldenerlass. Zu sehr drücken die hohen Verbindlichkeiten aus dem Marshallplan und den Reparationen, die noch für den Ersten Weltkrieg zu bezahlen sind. Die Bitte der Deutschen wird erhört. Die 22 Staaten, unter ihnen übrigens Griechenland, erlassen den Deutschen die Hälfte der Schulden. Der Zweite Weltkrieg war erst wenige Jahre zuvor 1945 zu Ende gegangen, und für die junge Bundesrepublik Deutschland war der Schuldenschnitt eine große Hilfe, sagt Jürgen Kaiser. »Deutschland hatte danach eine Schuldendienstquote, die deutlich unter dem lag, was heute Entwicklungsländer oder auch Griechenland bezahlen müssen.« Der Vorteil eines Insolvenzverfahrens liegt darin, dass das Schuldnerland und alle Gläubiger an einem Tisch verhandeln und deshalb der Erlass und die künftigen Belastungen gerecht auf die Teilnehmenden verteilt werden können. Dies ist besonders wichtig für die Akzeptanz des Verfahrens durch die Gläubiger, vor allem wenn dies auch Staaten oder öffentliche Banken sind. Die Gefahr einer einseitigen Rettung durch die öffentlichen Haushalte – also durch die Steuerzahler – ist dann nicht mehr gegeben.

Für Deutschland war das Londoner Schuldenabkommen jedenfalls ein Erfolg: Die deutsche Wirtschaft legte in den Jahren nach 1953 kräftig zu. Zehn
Jahre darauf hatte sich das deutsche Bruttoinlands-
produkt glatt verdoppelt. Deutschland ist seitdem
niemals mehr so stark gewachsen wie in der Deka-
de nach dem Londoner Schuldenabkommen.

Finanztransaktionssteuer für einen Marshallplan.
Kein Zweifel. Der jüngste Euro-Gipfel hat Fort-
schritte gebracht. Wenn Banken und private Anleger auf die Hälfte ihrer Forderungen an Griechenland verzichten, wird sich die Schuldensituation
des Landes entspannen. Andererseits hilft ein
Schuldenerlass nur dauerhaft, wenn die Krisenländer auch wirtschaftlich wieder auf die Beine
kommen. Deshalb muss ein Schuldenschnitt von
einem Aufbauprogramm begleitet werden. Würde
dieses Programm mit einer Finanztransaktionssteuer in der gesamten Europäischen Union bezahlt, dann könnten die Regierungen zwei Fliegen
mit einer Klappe schlagen.

Ein Wiederaufbau der Wirtschaft ist in Griechenland besonders dringend. Seine Volkswirtschaft ist
durch die harte Sparpolitik im vergangenen Jahr

um 4,5 Prozent geschrumpft. Für 2011 rechnet die Europäische Union mit einem weiteren Rückgang um 5,5 Prozent. Besonders stark gehen die privaten und die öffentlichen Investitionen zurück. Das Kapital fließt ab und die Steuereinnahmen brechen ein. Geht dies so weiter, dann wird der Schuldenberg Griechenlands schnell wieder ansteigen.

Die Alternative ist ein großes Investitionsprogramm, inspiriert durch den Plan zum Wiederaufbau Europas nach dem Zweiten Weltkrieg, der nach dem damaligen US-Außenminister George C. Marshall benannt wurde. Besonders aussichtsreich wären Investitionen in die Infrastruktur von Griechenland, Portugal oder auch Italien und Spanien, die die nachhaltige Entwicklung dieser Volkswirtschaften stärken würden. Wie wäre es mit breiten Anreizen für ein Programm zur Nutzung der Solarenergie in den Südländern? Heute gewinnt der Sonnenstaat Griechenland 58 Prozent seines Stroms durch Braunkohle sowie 29 Prozent durch Erdgas und -öl. Zwei der wichtigsten Kohlekraftwerke des Landes zählen zu den dreckigsten Kraftwerken in der Europäischen Union. Sonne und Wasserkraft sorgen gerade mal für 8 Prozent des Stroms. Auch in den Sonnenstaaten Portugal und Spanien spielen erneuerbare Energien eine geringe Rolle, sehr belastend sind dagegen die teuren Importe von Öl.

Was wäre das für ein Aufschwung für das lokale Handwerk in Griechenland, Portugal und Spanien (auch in Italien), wenn auf den Dächern Fotovoltaik-Anlagen gefördert würden! Was wären das für Aufträge für die Bauindustrie, wenn der Bahnverkehr in diesen Ländern massiv ausgebaut würde, in manchen Landesteilen auch Straßen! Die Arbeitslosigkeit ginge zurück, die Wirtschaft würde angekurbelt, die Steuereinnahmen könnten steigen – und die Staatsschulden sinken. Dazu käme die Einsparung von Energierohstoffen wie Öl.

Ein Finanzierungskonzept für dieses Programm schlummert in den Schubladen des *Österreichischen Instituts für Wirtschaftsforschung*. Danach würde eine Finanztransaktionssteuer von 0,1 Prozent auf alle Geldtransaktionen auf den Finanzmärkten, die in allen 27 Ländern der Europäischen Union erhoben wird, zwischen 70 und 110 Milliarden Euro einbringen. Zudem würde eine Steuer auf alle Finanzgeschäfte das spekulative Karussell verlangsamen und die Hektik an den Finanzmärkten dämpfen. – Natürlich erhalten diese Marshallplan-Hilfen nur Regierungen, die bestimmte Bedingungen erfüllen: Das Geld muss in Investitionen fließen, nicht in die Haushalte; die Empfängerländer sollten sich finanziell ebenfalls beteiligen und laufend Rechenschaft ablegen, damit Korruption vermieden wird. Ein effektives Steuersystem muss garantieren, dass Wachstumseffekte auch die Staatskassen der Krisenländer füllen.

Ein Marshallplan für Griechenland und Südeuropa, finanziert durch eine Steuer auf Finanzgeschäfte, könnte der entscheidende Schritt zur Stabilisierung des Euro sein. Und er wäre zudem ein Schritt zu einer gemeinsamen europäischen Wirtschaftspolitik, die neue Prioritäten setzt: Die Europäische Union erhebt eine eigenständige Steuer und belastet Spekulationsgeschäfte. Gleichzeitig investiert sie diese Steuereinnahmen in eine gemeinsame europäische Politik, die die europäischen Volkswirtschaften gerechter und nachhaltiger macht. Dadurch stärkt sie das Modell der Europäischen Union im Wettbewerb mit den USA einerseits sowie mit China und Russland andererseits.

Eine neue Bankenwelt. Geld muss vom Spekulationsmittel zum Gestaltungsinstrument werden. Für dieses Ziel braucht es eine grundlegende Veränderung der Bankenwelt. Besonders wichtig ist die Trennung der Investmentbanken von den Geschäftsbanken. Lange Zeit waren deutsche Banker stolz auf das Universalbankensystem: Alle Geldhäuser machen alles.

Doch die Finanzkrise hat gezeigt, was das bedeutet: Ganz normale Bankkunden, die nur ein Sparkonto haben, werden letztlich in Mithaftung für spekulative Fehlinvestitionen genommen. Für die Finanzinvestoren ist dies günstig, denn sie haben eine breitere Finanzgrundlage. Banken können mit den Einlagen ihrer Privat- und Geschäftskunden spekulieren. Verhindern lässt sich dies nur, wenn künftig Investmentbanken von Geschäftsbanken getrennt werden. Dann werden die Investmentbanken Aktien platzieren, Investitionsgeschäfte gegen Provision vermitteln und auch Spekulationsgeschäfte tätigen – aber ohne die Spareinlagen von Privatkunden. Die Investmentbanker sind selbst für ihre Geschäfte verantwortlich. Erwirtschaften sie Verluste, werden sie geschlossen oder von anderen Instituten aufgekauft – die Privatkundengeschäfte sind dann nicht betroffen.

Getrennt davon arbeiten die Geschäftsbanken. Sie erledigen das traditionelle Bankgeschäft ohne

Spekulation und haften für die Einlagen ihrer Kunden, wie dies heute bereits Sparkassen und Volksbanken tun. Allerdings reicht deren gegenwärtige Arbeitsweise nicht aus, um Geld von einem Spekulationsmittel zu einem Gestaltungsinstrument zu machen. Das wird den Banken allerdings nur unter zwei Bedingungen gelingen: Zum einen müssen sie sich von hohen Renditezielen verabschieden, denn diese verführen letztlich doch zu spekulativeren Anlagen und zur Jagd nach immer neuen, riskanten Anlageformen, die den Kunden dann angeboten werden. Geld ist zu wichtig für die kreative Gestaltung der Wirtschaft, als dass es dem Interesse an einer hohen Rendite unterworfen werden sollte. Zum anderen müssen es die Banken ihren Kundinnen und Kunden ermöglichen, die Folgen ihrer Anlageentscheidung genau abzusehen. Die Kunden müssen wissen, was ihr Geld anrichtet oder ausrichtet. Um schädliche Folgen möglichst auszuschließen, müssen die Banken ethische Kriterien für ihre Geschäftspolitik entwickeln (sofern sie heute noch keine haben), eine größtmögliche Transparenz zwischen Geldanlage und Verwendung der Spargelder herstellen und so die Mitentscheidung der Sparer bei der Investition ihrer Gelder erleichtern.

Wie und dass dies geht, zeigen bereits heute ethisch orientierte Banken wie die *GLS-Bank*, die *Umweltbank*, die *Triodos-Bank* oder die *Ethikbank*. Bei allen Unterschieden zwischen diesen Instituten setzen sie sich sämtlich ethische Kriterien für ihre Investitionen – hoch spekulative Geschäfte tätigen sie nicht. Bei praktisch allen Instituten haben die Sparer die Möglichkeit, klar zu entscheiden, wohin ihr Geld investiert werden soll und wo nicht. So können die Kunden bei der GLS-Bank bestimmen, ob ihre Ersparnisse erneuerbare Energien, mittelständische Unternehmen, Schulen und Kindergärten, Wohnanlagen für ältere Menschen, Biohöfe, Obdachlosenprojekte oder die Energiewende finanzieren sollen. Jeder Kreditcent fließt in ein Projekt. Zum bisherigen Zeitpunkt sind diese Institute von der Finanzkrise so gut wie nicht betroffen. Sie zeigen, dass Geld auch anderen Zielen dienen kann als dem, eine möglichst hohe Rendite zu erzielen. Geld kann viel Kreatives bewegen, wenn es bewusst angelegt wird.

Damit sind diese Banken ein Modell auch für andere Geschäftsbanken wie Volksbanken, Sparkassen oder Kirchenbanken. Auch dort sind mehr Transparenz bei den Geldgeschäften, ethische Kriterien für die Kredit- und Anlagepolitik sowie gezielte und nachvollziehbare Anlageangebote für die Kunden notwendig.

Wann also bringen Sparkassen und Volksbanken endlich Umweltsparbriefe für ihre Region heraus, vielleicht einen Entwicklungsfonds für die städtischen Schulen – gering verzinst, gut gesichert, aber mit klarem Investitionsziel? In der Stadt Herten in Nordrhein-Westfalen war einst ein Fonds für die Stadt schon nach wenigen Wochen mit Millionen Anlagegeldern gefüllt, obwohl die Zinsen nicht besonders hoch waren: Das Ziel, Geld in die eigenen Stadt zu investieren, hat die Bürger überzeugt. Und das Gleiche gilt für Kirchenbanken. Wann bieten sie ihren Anlegern Pflegesparbriefe oder Diakonie-Anleihen, statt bei den großen spekulativen Spielen mitspielen zu wollen und dann Verluste einzufahren, wie bei einigen Kirchenbanken geschehen?

Zudem können die Bedingungen auch die Ethik an den Börsen befördern. Es gibt mehr als 300 ethische Aktienfonds und zahlreiche ethische Rentenfonds, die klare Kriterien für ihre Investitionen haben: Keine Wertpapiere kaufen sie von Unternehmen, die Waffen herstellen, die Umwelt zerstören, Suchtmittel herstellen, schlechte Arbeitsbedingungen aufweisen oder Minderheiten oder Frauen diskriminieren. Manche Fonds setzen auch positive Kriterien: Sie kaufen Aktien von Unternehmen, die Öko-Techniken verkaufen, besonders humane Arbeitsbedingungen aufweisen oder besonders innovativ sind. Niemand sage, dass sich solche ethisch bedingten Geldanlagen weniger rentieren: Nach einer Studie des *Europäischen Wirtschaftsforschungsinstituts* in Mannheim aus dem Jahre 2010 haben nachhaltige Geldanlagen zwischen 2007 und 2009 deutlich bessere Ergebnisse erzielt als konventionelle.

Da die unterschiedlichen nachhaltigen Geldanlagen völlig verschieden funktionieren, ist eine gute und nachvollziehbare Beratung von Banken notwendig, die selbst ein Interesse daran haben, dass Investitionen mit schädlichen Folgen an den Börsen nicht belohnt werden und stattdessen mehr Geld nachhaltig investiert wird. Die gute Nachricht lautet: Es gibt inzwischen in allen Bereichen der Geldanlagen sozialethische Alternativen. Für Aktienfonds, Rentenfonds, für Lebensversicherungen, bei Riester-Produkten, überall. Bei genauer Beratung ist es für alle Bürgerinnen und Bürger möglich, ihr Geld so bewusst anzulegen, dass es nach ihren ethischen Idealen investiert wird. Die Banken müssen genau diese bewusste Geldanlage ermöglichen und fördern.

Alternative Geldsysteme. Klein, bisher unbeachtet, aber wichtig ist der Aufbau regionaler Währungen: So schließen in Griechenland und Portugal viele kleine Läden und Gewerbebetriebe in Städten und Dörfern, ganze Regionen verarmen. Einen Beitrag zur Wiederbelebung lokaler Wirtschaftskreisläufe können regionale Währungen als Ergänzung zum Euro leisten. Das Prinzip ist einfach: Bürger, Geschäftsinhaber, Landwirte und Handwerker gründen Vereine oder Genossenschaften. Wer diesen angehört, kann Euros in die lokale Währung eintauschen und damit in lokalen Geschäften einkaufen, die auch Vereinsmitglieder sind. Mit diesem Geld können die Bürger dann in den Geschäften bezahlen, die dem Verein angehören. Zum Beispiel im Chiemgau. Dort gehören viele Konsumenten und 612 Unternehmen dem *Chiemgauer e. V.* an. Bisher wurden 530 000 Euro in Chiemgauer umgetauscht. Bedenkt man, dass sie circa zehnmal pro Jahr den Besitzer wechseln, bewegen sie einen Umsatz von 5 Millionen. Da Großkonzerne dem Chiemgauer e. V. nicht angehören, fließt das Geld an regionale Betriebe – es bleibt in der Region. Für viele Regionen in den Krisenländern Europas wäre dies eine große Stütze der lokalen Wirtschaft – und ein Versuch der Bürger, über ihr Geld selbst zu bestimmen.

Wer dies alles für Träumerei hält, blicke in die Schweiz: Eine Schweizer Genossenschaft praktiziert, wovon viele träumen. Dort haben sich rund 70 000 kleine und mittlere Betriebe zur *Genossenschaft Wirtschaftsring* (WIR) zusammengeschlossen. Das Besondere daran: Sie können Rechnungen untereinander in einer Währung namens WIR begleichen. Diese ist »komplementär« zum Schweizer Franken. Das heißt: ein WIR gleich ein Schweizer Franken. Allerdings wird das WIR-Geld nicht in Form von Scheinen oder Münzen ausgegeben. Die Zahlung erfolgt rein rechnerisch über die WIR-Bank in Basel. Dort haben alle Genossenschaftsmitglieder ein Konto. Bezahlt ein Mitglied eine Rechnung, dann wird das eigene Konto belastet und der WIR-Betrag dem Konto des anderen gutgeschrieben.

Dieses System funktioniert quasi zinsfrei. Dazu haben die Genossenschafter ein ausgefeiltes System der Kreditvergabe entwickelt. Die *WIR-Bank* braucht einen Kredit an ein Genossenschaftsmitglied nicht – wie die anderen Banken – aus den eigenen Kundengeldern oder aus Notenbankkrediten zu finanzieren, sie schafft den Kredit einfach. Zum Beispiel: Ein Dachdecker der WIR-Genossenschaft will seine Werkstatt ausbauen und beantragt einen Kredit in Höhe von 100 000 Franken. Weist er genügend Sicherheiten nach, dann bucht die Bank den Kreditbetrag auf sein Konto. Da die WIR-Bank für das Geld keine Zinsen zahlen muss, verlangt sie lediglich einen Zins von einem Prozent, um ihre Kosten zu decken. Dieser Kredit initiiert dann Wachstum. Denn: Der Handwerker wird mit dem Geld neue Arbeitsgeräte bei anderen Mitgliedern der Genossenschaft kaufen und seinerseits ihre Dächer reparieren, um den Kredit nach der Laufzeit zurückzuzahlen. Auch Unternehmen, die nicht der WIR-Genossenschaft angehören, profitieren davon. Denn: Der Dachdecker muss auch mit Unternehmen arbeiten, die nicht mit WIR bezahlen. Löhne und Steuern dürfen nicht in WIR bezahlt werden. Es handelt sich um eine Währung im offiziellen Währungssystem. Ihre Wirkung ist jedoch gewaltig: Die in WIR-Franken gewährten Kredite belaufen sich derzeit auf den Gegenwert von 870 Millionen Franken. Der Umsatz, der damit bewegt wird, ist deutlich höher.

Was kann diese Komplementärwährung? Die WIR-Bank ist nicht in die Finanzkrise verwickelt. Sie bietet den 70 000 beteiligten Unternehmen Schutz vor dem Finanzkapitalismus. Die quasi zinsfreien Kredite fördern das Wirtschaftswachstum. Bereicherung durch Zinsen findet innerhalb der WIR-Genossenschaft nicht statt, da es kaum Zinsen gibt. Es ist Selbsthilfe von Unternehmen gegen einen dominierenden Finanzkapitalismus – ein erfolgreicher Versuch, der nicht auf die Schweiz beschränkt bleiben muss.

So steht denn fest: Wie eine Energiewende ist auch eine Finanzwende möglich, in der nicht mehr das Geld die Welt regiert, sondern die Welt das Geld. Voraussetzung für diese Wende ist, dass die Menschen sie wollen und dafür eintreten. Dann wächst auch das Selbstbewusstsein der Politik gegenüber der Finanzwirtschaft. Politik bewegt sich erst, wenn sich die Menschen bewegen. Und genau diese Bewegung hat gerade begonnen.

Nach der Energiewende die Finanzwende

Können einige hundert Protestcamper vor der US-Börse, vor der Europäischen Zentralbank und vor anderen Symbolstätten des Kapitals wirklich die globale Finanzwelt verändern? Schneller, als es die Demonstranten je erträumt haben, stellen die Medien diese Frage. Das ist ein gutes Zeichen. Selbst konservative und liberale Publizisten glauben nicht mehr an die Selbstheilungskräfte der Finanzmärkte. Sie fragen längst, ob die linken Kapitalismuskritiker nicht doch recht haben, wie zuletzt Frank Schirrmacher, einer der Herausgeber der »Frankfurter Allgemeinen Zeitung«.

Drei Jahre nach Ausbruch der Finanzkrise wächst in der Mitte der Gesellschaft der Ärger über Banker, die nur an sich denken, und über Politiker, die sich von diesen Bankern vor sich hertreiben lassen. Die globale *Occupy*-Bewegung hat (noch) kein Programm und ist politisch diffus, doch sie bringt genau diesen Ärger zum Ausdruck. Dabei wirken die Protestierer so sympathisch, dass sie inzwischen sogar bei jenen Menschen Beachtung finden, die auf die Finanzkrise bisher mit Angststarre reagiert haben. Auch bei ihnen genießt die Finanzoligarchie keinerlei Vertrauen mehr. Damit wächst die Chance für eine Finanzwende – nach dem Muster der Energiewende.

Natürlich war die Katastrophe von Fukushima der Anlass für die liberal-konservative Bundesregierung, den Ausstieg aus der Atomkraft zu verkünden. Dass es allerdings so schnell ging, lag daran, dass die Atomkraft bei den Menschen schon vorher jedes Vertrauen verloren hatte. Seit dreißig Jahren leisten Bürgerinnen und Bürger hartnäckig Widerstrand gegen eine Technologie, die einigen wenigen in der Gesellschaft viel Geld bringt, aber schlichtweg nicht beherrschbar ist. Wie heute die Finanzlobby trieb die Energielobby lange die Politik vor sich her. Die rot-grüne Regierung setzte zwar ein Ausstiegsszenario durch – allerdings mit vielen Kompromissen und auf eine derart lange Frist angelegt, dass dieser Ausstieg leicht revidiert werden konnte. Was allerdings nicht revidiert werden konnte, war der von Rot-Grün forcierte Einstieg in die erneuerbaren Alternativen zur Atomenergie.

Nach dem Wahlsieg von Christdemokraten und Liberalen nahm die Atomlobby einen letzten Anlauf zur Renaissance der Atomkraft. Doch dieser Versuch traf nicht nur auf den geballten Widerstand der Anti-Atomkraft-Bewegung, sondern sorgte auch in vielen CDU-regierten Kommunen, in Stadtwerken, in Teilen der Wirtschaft für Ärger, weil diese längst von den Alternativen zur Atomkraft profitierten. Trotzdem gehorchte die Regierung zunächst der Atomlobby und beschloss die Verlängerung der Laufzeiten von Atomkraftwerken. Doch nach der Katastrophe von Fukushima schwenkte Bundeskanzlerin Angela Merkel schnell um – auf die Energiewende.

Merkels Umkehr führt vor Augen, wie eine politisch-wirtschaftliche Machtstruktur aufgebrochen werden kann: durch eine Bürgerbewegung, die in die Mitte der Gesellschaft vordringt; durch breit diskutierte und dann verankerte Alternativen und – leider – durch eine Katastrophe. Zwar beschränkt sich die Energiewende bisher auf wenige Staaten, doch die Atomkraft hat ihre Zukunft auch weltweit hinter sich.

In der Finanzwelt ist eine Katastrophe vom Kaliber Fukushimas bisher ausgeblieben. Das ist gut so. Dennoch hat diese Krise für viele Menschen in Griechenland, Portugal, Irland und Spanien katastrophale Folgen – und auch hierzulande wächst die Angst vor einer Katastrophe, vor dem Verlust des eigenen Geldes.

Die Alternativen zum Finanzsystem sind ebenfalls bekannt: Mehr Eigenkapital für die Banken, Finanztransaktionssteuer, Trennung von Investmentbanken und Geschäftsbanken, scharfe Kontrolle der Schattenbanken und Steueroasen, Erlass von Auslandsschulden, Mithaftung der Gläubiger statt Sozialisierung ihrer Verluste. In der Mitte der Gesellschaft sind diese Alternativen längst mehrheitsfähig. Inzwischen distanzieren sich Vertreter von Volksbanken und Sparkassen sogar öffentlich von den »Ackermännern« ihrer Zunft. Sogar Angela Merkel und ihr Finanzminister Wolfgang Schäuble plädieren inzwischen für die Finanztransaktionssteuer, als hätten sie gerade ein Seminar mit *attac* hinter sich.

Wenn die Finanzwende bisher nicht durchgesetzt wurde, so liegt dies am mangelnden Selbstbewusstsein der Politiker gegenüber der Finanzoligarchie und an der Tatsache, dass sich die verschiedenen Regenten Europas nicht einigen können. Genau dies eröffnet der globalen Occupy-Bewegung eine große Chance. Weltweit vernetzt, kann sie über moderne Technologien die Finanzpotentaten zum Schwitzen bringen, wie dies die arabischen Revolutionäre geschafft haben.

Will die Occupy-Bewegung diese Chance nutzen, dann muss sie allerdings das Kunststück vollbringen, sympathisch unabhängig zu bleiben – und dennoch die Zusammenarbeit mit anderen politischen Bewegungen nicht zu scheuen. Nur wenn die Bewegung in allen Industriestaaten breiter und politischer wird, steigt der Druck im Kessel. Und nur unter diesem Druck können die Menschen dafür sorgen, dass nicht mehr Geld die Welt regiert, sondern umgekehrt.

Das System, ich und mein Geld – Ein persönliches Nachwort

Es war 1985. Ich beobachtete als Journalist eine Kundgebung. Friedensbewegte demonstrierten gegen ein Unternehmen, das am idyllischen Bodensee Waffen für die ganze Welt produzierte. Plötzlich zeigte ein älterer Herr auf die Filiale einer lokalen Bank und fragte: »Finanzieren wir eigentlich mit unseren Ersparnissen, wogegen wir dann demonstrieren?« Ich sicher nicht, dachte ich, weil sich die Frage für mich mangels Masse nicht stellte. Noch nicht.

Doch etwa ein Jahr später war es so weit. Ich hatte etwas Geld übrig und brachte es brav zur *Volksbank*, wie es sich für einen »Ökonomen und Schwaben« gehört. So nennt mich der Fernsehjournalist Franz Alt gerne. Kaum war ich aus der Volksbank draußen, klopfte die verdammte Frage des Demonstranten wieder bei mir an. Zwar konnten sich die Diktatoren für meine paar Hundert D-Mark

nicht viele Waffen kaufen, aber ich musste zuge-
ben, dass die Volksbank bestimmte, was mit mei-
nem Geld geschehen würde.

Dass es auch anders gehen könnte, erfuhr ich
erst auf einem Treffen der »Freunde und Förderer
der Ökobank«. Dort stellten sich nämlich alle die
Frage des Demonstranten vom Bodensee. Und
nicht nur dies: Alle wollten eine Bank gründen, bei
der die Sparer/innen bestimmen konnten, wohin
ihr Geld fließt. Am 2. Mai 1988 wurde die Utopie
Wirklichkeit, die *Ökobank* öffnete ihre Pforten. Von
diesem Tag an erlebte ich, dass auch in Banken direkte Demokratie möglich ist. Wohin soll Ihr Geld
gehen? Darf es vielleicht ein Betrieb in der Hand
von Frauen sein, Energie aus Wind und Sonne, ein
Biohof oder ein selbstverwalteter Betrieb, ein
Wohnprojekt für Ältere oder anderes? Was mir andere Banken nicht sagen wollten, konnte ich hier
ankreuzen.

Seitdem begegne ich der Frage des Demonstranten von einst locker: Nein, meine Spargelder finanzieren nicht, wogegen ich demonstrieren würde. So
viel ist sicher. Andererseits weiß ich aus meiner Er-
fahrung auch, warum es so schnell wohl nicht zu
einer großen gesellschaftlichen Bewegung für

ethische Geldanlagen kommen wird. Da ist zum einen das verquere Verhältnis vieler Deutscher zum Geld. Zunächst fällt ja auf, dass sie kaum darüber sprechen. Offen über Geld kann man eigentlich nur mit Unternehmern reden, die ständig damit zu tun haben. Bei den meisten anderen Menschen fange ich erst jetzt, nach zwanzig Jahren Beschäftigung mit dem Thema Geld, an zu verstehen, was sie meinen könnten, wenn die Rede aufs Geld kommt: Jene, die hartnäckig schweigen, haben entweder viel Geld und wollen nicht, dass dies jemand erfährt. Oder sie haben gar keines und schämen sich. Jene, die sich gerne über hohe Gehälter von Fußballern und anderen Großverdienern beschweren und dabei im Jammerton auf die Armen verweisen, haben selbst genug Geld, hätten aber gerne mehr.

Leider schweigen auch die meisten meiner Freunde, wenn die Rede auf das Geld kommt. Nicht, weil sie alle unpolitisch wären. Nein, Biobrot ist Standard. Einige sind Vegetarier und betonen dies bei jeder Gelegenheit. Fairer Kaffee ist etwas aus der Mode gekommen, aber auch der wird serviert. Doch ethische Geldanlagen? »Willst Du damit das Finanzsystem ändern?«, fragte mich mal ein guter Freund, der mich gerne als »ewigen Reformisten« verspottet und seine Spargroschen ganz revolutionär bei der Sparkasse anlegt.

Dazu kommt, dass man auch bei ethischen Geldanlagen auf die alte Weisheit des katholischen Soziallehrers Oswald von Nell-Breuning trifft, wonach das gut Gemeinte durchaus böse enden kann. So musste ich schon bei der Ökobank erfahren, dass ethisch motivierte Banker nicht automatisch gute Banker sind. Die alternative Ökobank ging »wegen Managementfehlern« pleite, heißt es bei *Wikipedia*. Zum Glück wurde sie von der anthroposophischen *GLS-Bank* übernommen, der ältesten Alternativbank Deutschlands.

Aber das war nicht das Einzige, was ich lernen musste. Je tiefer man in das nachhaltige Geldwesen einsteigt, desto bohrender werden die Fragen. Ist überall auch Ethik drin, wo Ethik draufsteht? Das fragte ich mich, als ich in einem Nachhaltigkeitsfonds plötzlich einen Chemiekonzern entdeckte, der meiner Meinung nach für vieles steht, aber nicht für Umweltschutz. Das ist unser »Best-in-Class«-Prinzip, klärte mich der Banker meines Vertrauens auf: Wir investieren in Unternehmen, die sich in ihrer Branche am meisten ökologisch engagieren. »Dieser Chemiekonzern zählt eben im Vergleich zu anderen Chemiekonzernen zu den besten.« Das ist an sich keine schlechte Idee. Denn kleine Veränderungen in Großunternehmen können mehr bewirken als große Veränderungen in kleinen Unternehmen. Aber auf mein Geld muss der Chemiekonzern trotzdem verzichten, ich habe den Fonds verkauft.

Manchmal sind auch menschliche Enttäuschungen nicht vermeidbar. Investoren, die ständig die Moral zitieren, sind nicht unbedingt die besseren Menschen. Auch unter ihnen gibt es Betrüger. Man tut gut daran, jede Investition und auch den Anbieter nüchtern zu prüfen. Andererseits kann ein Unternehmer auch mit nachhaltigen Investitionen scheitern, ohne Betrüger zu sein. Windkraft, Solarenergie und andere Öko-Technologien sind neue Märkte, die Unsicherheiten mit sich bringen und dazu noch von staatlichen Entscheidungen abhängen. Da sind Fehlentscheidungen möglich, und die kosten Geld. Das Leben ist ein Risiko, von Anfang an, sagt einer meiner Freunde gerne – ja, das gilt auch für das Geld, das man mit gutem Gewissen bei seinem Lieblingsunternehmen anlegt.

Wer auf Nummer sicher gehen will, ist mit alternativen Banken wie der GLS-Bank, der *Umwelt-*

bank, der *Ethikbank* oder der *Triodos-Bank* am besten bedient. Ich zumindest habe das Gefühl, dass mein Geld dort wenig anrichten kann, aber dafür viel ausrichtet. Und so sicher wie bei anderen Banken ist es dort auch. Deshalb freut es mich, dass diese Banken inzwischen einen Boom verzeichnen. Und nicht nur dies. Inzwischen bietet auch die *Sparkasse Freiburg* einen Klimaschutzfonds für die eigene Region an. Dies bedeutet ja nichts anderes, als dass sich inzwischen Hunderttausende Menschen jene Frage stellen, die mir der Demonstrant am Bodensee gestellt hat. Sie wollen mit ihrem Geld nicht finanzieren, was sie mit ihrem Gewissen nicht vereinbaren können. Aus diesem Grund kommt auch die Kampagne von sozialen und ökologischen Organisationen zur rechten Zeit. Sie fordert die Menschen zur »Krötenwanderung« auf: Ihre Kröten sollen von konventionellen zu alternativen Banken wandern.

Doch hilft dies wirklich gegen die nächste Finanzkrise? Thomas Begrich meint: Ja. Und er muss es wissen. Er ist Finanzreferent eines milliardenschweren Unternehmens, nämlich der *Evangelischen Kirche in Deutschland*. In unserem Gespräch zitierte er die »Financial Times Deutschland«. Sie hat ihm bestätigt, dass alle, die sich an den Leitfaden der evangelischen Kirche für ethische Geldanlagen gehalten hätten, durch die Finanzkrise nicht geschädigt worden seien. Na, wenn das nicht auch die sicherheitsbedürftigen Deutschen überzeugt.

Bleibt die Frage, die mir mein revolutionär gestimmter Freund stellte: Machen ethische Geldanlagen die Welt wirklich besser oder kurieren sie nur an Symptomen herum? Eine endgültige Antwort wage ich nicht. Aber ich denke dabei gerne an die Geschichte Südafrikas. Wer fragt, wie die Apartheid überwunden wurde, erfährt von Nelson Mandela, von Willem de Clerk, von der Widerstandsbewegung. Aber er erfährt auch etwas anderes: dass nämlich große Konzerne die Zusammenarbeit mit dem Apartheidsystem in dem Augenblick aufgekündigt haben, als Pensionsfonds in den USA, auch viele kirchliche, beschlossen hatten, kein Geld mehr in Unternehmen zu investieren, die mit dem Apartheidsystem kooperieren. Ein Anlageboykott förderte eine politische Revolution. Geld regiert eben die Welt. Die Frage ist nur, wie.

Beeindruckende Bücher –
Zum Weiterlesen

Max Otte, Stoppt das Euro-Desaster, Ullstein, 2011:
Kurz – knackig – originell.

Nouriel Roubini/Stephen Mihm, Das Ende der Weltwirtschaft und ihre Zukunft, Goldmann Taschenbuch, 2011:
Originelle Analyse, unkonventionelle Vorschläge.

Joseph Stiglitz, Im freien Fall. Vom Versagen der Märkte
zur Neuordnung der Wirtschaft, Pantheon Verlag, 2011:
Ex-Weltbanker entlarvt herrschendes Wirtschaftsdenken.

Karl Josef Kuschel/Hans Dieter Assmann, Börsen, Banken,
Spekulanten. Spiegelungen in der Literatur – Konsequenzen für Ethos, Wirtschaft und Recht, Gütersloher Verlags-
haus, 2011:
Über menschliche Tragödien durch Finanzkrisen.

Claus Leggewie, Mut statt Wut. Aufbruch in eine neue
Demokratie, Edition Körber Stiftung, 2011:
Ein Buch über die Hoffnung, die zuletzt stirbt.

ANZEIGE

Publik-Forum *Editior*

Till Bastian

Überleben im Treibhaus

Strategien gegen Naturzerstörung und Kriegsgefahr

Strategien gegen den Klimawandel fordern viele. Doch Till Bastian geht weiter: Er verlangt ein ökologisches Weltbürgerrecht für alle Menschen. Für ihn kann die Spaltung der Menschheit in eine privilegierte Minderheit und in eine arme Mehrheit nur verhindert werden, wenn die Menschen ihre Lebensrechte einklagen können: den Zugang zu sauberer Wasser, den Schutz vor der Zerstörung ihrer Heimat.

160 Seiten. Bestell-Nr. 292

Rupert Neudeck

Mutbürger

Gelebter Widerstand. Zwölf Beispiele

Menschen, die zu Tausenden für Veränderungen auf die Straße gehen wie aktuell in der arabischen Welt; Menschen, die geger Großprojekte aufstehen, um für die Erhaltung ihrer Umwelt zu protestieren; Helden des Widerstands, die ihr Leben riskieren: Ihr Beispiel bewegte Rupert Neudeck dazu, über die bürgerliche Tugend des Widerstehens nachzudenken. Zwölf Kapitel laden Leserinnen und Leser ein, für sich selbst zu entdecken, wie aktuell und überlebensnotwendig die Tugend des Widerstehens ist. Für die Gesellschaft und für den Einzelnenn.

96 Seiten. Bestell-Nr. 2946

Friedhelm Hengsbach

Gottes Volk im Exil

Anstöße zur Kirchenreform

Friedhelm Hengsbach legt die »offenen Wunden« der Kirchen offen, insbesondere jene der katholischen Kirche. Er zeigt auf, dass die Institutionen für viele Glaubende zu Räumen der Fremde geworden sind. Das Volk Gottes lebt im Exil, innerhalb und außerhalb der Kirchen. Doch dieses Leben im Exil schafft Raum für Veränderung – spirituell, theologisch und kirchlich. Ganz in diesem Sinne legt Hengsbach Bausteine für eine neue Architektur der Kirchen, für ihre Reform an Haupt und Gliedern, vor.

192 Seiten. Bestell-Nr. 2947

Bestellung an: Publik-Forum, Postfach 2010, D-61410 Oberursel, Tel.: 06171/700310, Fax: 06171/700346, E-Mail: Shop@Publik-Forum.de **Bestellungen im Internet:** www.publik-forum.de/shop

ANZEIGE

Es wird Zeit...

kritisch . christlich . unabhängig

Publik-Forum

... **für einen kritischen Blick auf unsere Gesellschaft.**
Publik-Forum stärkt jene Kräfte, die ihre Augen nicht vor
den brennenden Fragen unserer Zeit verschließen und sich
für die Lösung der aktuellen Probleme engagieren.
Notwendig sind neue Brücken zwischen
Politik, Wirtschaft und Gesellschaft, zwi-
schen den Konfessionen und Religionen.
Im Zwei-Wochen-Takt bringt Publik-
Forum Information und Orientierung,
Überblick und Durchblick.
Sie sind herzlich eingeladen, sich
davon zu überzeugen.
Probelesen kostet nichts ...

Kostenloses Probelesen? Ja!

Senden Sie mir drei aktuelle Ausgaben **Publik-Forum** kos-
tenlos zum Probelesen. Bestelle ich nicht innerhalb einer
Woche nach Erhalt des dritten Heftes ab, wünsche ich Weiter-
lieferung im Abonnement. Der Abonnementpreis* beträgt im
Halbjahr 47,40 € (86 CHF inkl. Aufbruch). Das Studenten-/
Vorzugsabo gibt es gegen Nachweis zum Preis von 33,60 €
(62 CHF inkl. Aufbruch). Den Bezug kann ich jederzeit
kündigen.   *Stand: 01.01.2011

Bitte den Bestellcoupon abtrennen/
kopieren und ausgefüllt und unter-
schrieben senden oder faxen an:
Publik-Forum
Verlagsgesellschaft mbH,
Postfach 2010, D-61410 Oberursel,
Telefon: 0 61 71 70 03 – 14,
Telefax: 0 61 71 70 03 – 46,
www.publik-forum.de/probelesen

Name, Vorname

Straße, Hausnummer

Postleitzahl, Ort

Telefonnummer   Geburtsdatum

E-Mail

20112205

Datum, Unterschrift